LA POPULARIDAD DE
DON JUAN TENORIO
Y OTROS ESTUDIOS DE
LITERATURA ESPAÑOLA MODERNA

ce
a

DIRECTORES

Manuel Gallego y Carlos Sahagún

COLABORADORES

Manuel Carrera Díaz, Cecilio Alonso,
Nicolás Miñambres Sánchez, Joaquín Benito de Lucas,
José Sánchez Reboredo.

JOSE ALBERICH

LA POPULARIDAD DE DON JUAN TENORIO
Y OTROS ESTUDIOS DE LITERATURA ESPAÑOLA MODERNA

clásicos y ensayos
colección aubí

© JOSÉ ALBERICH, 1982

Esta edición es propiedad de
HIJOS DE JOSÉ BOSCH, S. A.
San Antonio de Calonge (Gerona)

1.ª edición: 1982
Impreso en España
Printed in Spain
ISBN 84-7294-151-5
Depósito legal: Z. 189-82

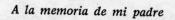

A la memoria de mi padre

INDICE

ÍNDICE

ADVERTENCIA PRELIMINAR

Por haber llevado una vida docente relativamente
ajetreada y rutinaria —en un sistema, además, en
que el alumno usa y abusa del profesor— el autor
de estas páginas no ha tenido tiempo de hacerse es-
tructuralista, marxista, junguiano ni ninguna de esas
otras cosas que ahora se estilan entre los críticos
españoles, generalmente con cincuenta años de re-
traso respecto al resto del mundo. En lo que con-
cierne a sus publicaciones, este pobre cura ha tenido
que vivir a salto de mata, improvisando sus propios
métodos y puntos de vista, con la sensación vagamente culpable de no estar al día, y sin el consuelo
ni el aplomo de haber entrado de una vez para siempre al servicio de la Verdad hecha escuela y sistema.
Pero también con la sensación —alegremente furti-
va— de ser libre, incluso libre para equivocarse y
meter la pata por cuenta propia y no del que le dio
la plantilla; libre también para escribir sólo cuando
tenía algo que decir —o así lo creía—, excepción hecha de las pequeñas e innecesarias pedanterías que
escribe uno al principio de su carrera, imbuido todavía de la cómica seriedad del doctorando. Pero
de eso hace demasiado tiempo para acordarse ahora.

Verá el lector hipotético que la mayoría de estos
ensayos giran alrededor de un solo libro, revelando
así su origen didáctico y batallón. El dómine —insatisfecho con la crítica al uso— creyó conveniente desarrollar nuevos puntos de vista, pensando sobre to-

do en sus alumnos, o en los que le iban a escuchar alguna conferencia. Por eso se desprende de algunas de estas páginas cierto tufillo pedagógico, como a puntero y pizarra, o incluso —para el que tenga imaginación— el claustrofóbico olor a humanidad de las aulas recién terminada la clase.

Mucho de lo que sigue se escribió —y publicó— hace años, y no dos ni tres; uno lo reimprime, pues, con cierto sonrojo, aunque creyendo —de alguna manera hay que justificarse— que, por tratar de aspectos poco conocidos e incluso marginales de los autores en cuestión, su utilidad no ha sucumbido por entero al paso del tiempo. Lo que resulta imposible es el remozamiento, el "aggiornamento"; si físicamente somos una persona distinta cada siete años —en que todas las células del cuerpo se han renovado—, moralmente dejamos de ser los mismos aun más a menudo, y retocar el pasado es falsificar los yos históricos, sin ninguna garantía, además, de que lo que es uno hoy valga más que lo que dejó de ser. Por todo ello ruego al lector tenga en cuenta esta crónica y no caiga en la ingenuidad de tomar nada por la última palabra sobre el tema.

Por último, no me queda más que agradecer muy vivamente a los directores de las revistas que se expresan a continuación, en la *Nota bibliográfica*, el haberme permitido reproducir estos modestos trabajos.

J. A.

NOTA BIBLIOGRAFICA

"La popularidad de Don Juan Tenorio" se publicó originalmente en *Insula*, XVIII (1963); n.º 204, pp. 1 y 10.

"El papel de Shakespeare en *Un drama nuevo* de Tamayo", en *Filología Moderna* (1970), n.º 39, pp. 301-22.

"La literatura inglesa bajo tres símbolos unamunianos", en *Bulletin of Hispanic Studies*, XXXVI (1959), pp. 210-18.

"Unamuno y la 'duda sincera'", en *Revista de Literatura* (Julio-diciembre de 1958), pp. 210-225.

"El obispo Blougram y San Manuel Bueno", en *Ibid.* (Enero-junio de 1959), pp. 90-94.

"Rivas y Valle-Inclán: otro pequeño 'plagio'", en *Bulletin of Hispanic Studies*, LIV (1977), pp. 9-12.

"Ambigüedad y humorismo en las *Sonatas* de Valle-Inclán", en *Hispanic Review*, XXXIII (1965), páginas 360-82.

"Sobre el fondo ideológico de las *Sonatas* de Valle-Inclán", en *Annali di Ca' Foscari*, XII (1973), páginas 267-85.

"*Cara de Plata*, fuera de serie", en *Bulletin of Hispanic Studies*, XLV (1968), pp. 299-308.

"El submarino de Paradox", en *Insula*, XXVIII (1972), n.º 308-309, p. 4.

"El erotismo femenino en el teatro de García Lorca", en *Papeles de Son Armadans*, n.º CXV (Octubre de 1965), pp. 11-36.

"Mariona Rebull o la burguesía inútil", en *Revista de Occidente* (1970), n.º 82, pp. 23-38.

11

I: LA POPULARIDAD DE *DON JUAN TENORIO*

Desde su estreno en 1844, el *Tenorio* de Zorrilla se ha instalado firmemente en el favor de los públicos españoles e hispanoamericanos. Cada otoño, la gente acude con constancia indefectible a pagarle tributo de admiración ritual. El héroe zorrillesco desbancó de una vez para siempre a todos los otros Don Juanes. Al mismo tiempo, la valoración literaria de este afortunado drama sigue siendo un enigma crítico, y parece muy lejos de estar fijada en forma definitiva. Cosa que no deja de ser chocante. Después de más de un siglo, ¿es, o no es, *Don Juan Tenorio* una obra maestra del arte dramático?

Resumamos brevemente los términos del problema. A la crítica hostil de algunos ilustres contemporáneos del poeta, como Pi y Margall y Manuel de la Revilla (1), sucedió una tendencia simpatizante e in-

(1) Para la crítica del *Tenorio* en el siglo XIX, véase J. G. Magnabal, *Don Juan et la critique espagnole* (París, 1893). A continuación nos referimos a las obras siguientes: Leopoldo Alas, *Mis plagios* (Madrid, 188), p. 25, y *La Regenta* (Emecé, Buenos Aires, 1946), II, p. 42-48; R. Pérez de Ayala, *Las máscaras* (Col. Austral, 3.ª ed.), p. 152-156; A. Valbuena Prat, *Historia del teatro español* (Barcelona, 1956), p. 499-526; R. de Maeztu, *Don Quijote, Don Juan y la Celestina* (Buenos Aires, 1952), p. 76-78; J. B. Trend, *A picture of modern Spain* (Londres, 1921), p. 175-179; E. A. Peers, *Historia del movimiento romántico español* (Madrid, 1954), II, p. 281-283; J. Hurtado y A. González Palencia, *Historia de la literatura española* (Madrid, 1925), p. 923-924; N. Alonso Cortés, «El teatro romántico», en G. Díaz Plaja, ed., *Historia General de las Literaturas Hispánicas*, IV, p. 281. El juicio de conjunto más equilibrado y justo sobre el *Tenorio* me parece el de Leo Weinstein, *The Metamorphoses of Don*

cluso admirativa, iniciada ya de antiguo por el gran "Clarín", que vio con entusiasmo en el *Tenorio* una grandeza de concepción, al par que una sencillez y emotividad primigenias sólo oscurecidas por los prejuicios de una larga familiaridad con el texto y sus infinitas representaciones. Pérez de Ayala siguió e hizo suyo el juicio de su maestro de Oviedo. Más modernamente, Valbuena atribuye al Don Juan de Zorrilla una humanidad arquetípica de que carecen incluso los personajes de Shakespeare, y descubre en el drama un tratamiento profundísimo y genial de grandes temas religioso-morales. Parecida actitud panegírica, aunque no tan entusiasta, se encuentra en casi toda la crítica de esta centuria, desde Maeztu, Trend y Peers, hasta Hurtado y Palencia y Narciso Alonso Cortés. No obstante, siguen siendo frecuentes entre las gentes de letras el desdén y la ironía para el popular drama, aunque no se molesten en dar sus razones por vía de imprenta. Ello pudiera deberse a que el intelectual desprecia con frecuencia lo que el vulgo estima, y sólo porque éste lo hace, pero ¿no cabe también pensar que muchos críticos hayan seguido el criterio inverso y se hayan empeñado en descubrir grandes méritos artísticos en la obra de Zorrilla precisamente por creer que una pieza tan popular *debe* tenerlos?

Uno sospecha que este argumento —por lo menos, especioso— ha influido en la valoración exagerada de estos últimos, que la anteponen al *Burlador* tirsiano y a otras joyas dramáticas, pero no es esta cuestión, tediosa desde hace años, la que nos va a ocupar en estas cortas reflexiones. Lo que queremos apuntar aquí es algo que suelen olvidar los paladines del genio zorrillesco, a saber, que la popularidad del

---

Juan (Standford, 1959), p. 119-129. Cfr. también la abundante bibliografía sobre el tema recogida por A. E. Singer, *A bibliography of the Don Juan theme*, West Virginia University Bulletin, Series 54, N.º 10-11, April 1954, p. 153-155.

Tenorio tiene poco que ver con sus valores estrictamente literarios, sean estos cuales sean. Consideremos simplemente que la fortuna popular de este drama, mayor que la de ninguna otra obra de nuestros mejores dramaturgos, es un caso del todo único en la historia escénica española, y aún en la mundial (2). Nos encontramos, pues, ante un hecho inconmensurable en términos de escueta crítica literaria, y que cae de lleno, en cambio, bajo la incumbencia de la antropología y la ciencia folklórica.

Las representaciones del 2 de noviembre son, en efecto, un fenómeno folklórico en más de un aspecto. En primer lugar, bien podrían ser, como sugirió Said Armesto en su conocido libro, una secuela de las antiguas cenas necrológicas, de origen celta, que se celebraban por esos días en camposantos e iglesias. Desde este punto de vista, el *Tenorio* de Zorrilla debería su larga supervivencia a una costumbre ancestral, de raíces oscuras, y recogida además de trasmano, ya que fue la pieza de Zamora la primera en beneficarse de dicha tendencia popular al regocijo fúnebre. Todavía, sobre todo cuando se la ve representar en teatros sórdidos de provincias, por compañías mal trajeadas, con una interpretación rutinaria y negligente, nuestra obra romántica recuerda a ciertos rituales populares y anacrónicos, pero indestructibles, que se siguen celebrando en los rincones de la vieja Europa, a las fiestas de moros y cristianos, o a las "pantomimas" inglesas de Navidad.

¿Por qué desplazó, sin embargo, *Don Juan Tenorio* a *No hay plazo que no se cumpla*? Dejando otra vez de lado la apreciación literaria de estos dramas (aunque no cabe duda que, como más moderno, ágil y brillante, el de Zorrilla tenía que desbancar al

---

(2) Sólo se le puede comparar la «season» shakespeariana de Stratfordon-Avon, aunque aquí no se trata, por supuesto, de una sola obra, y es, además, «teatro cultural» subvencionado oficialmente.

otro), la respuesta a esta pregunta cae también, hasta cierto punto, en el terreno del folklore. *Don Juan Tenorio* es un símbolo colectivo. No es fácil que su autor se diese cuenta de ello, pero, como otras tantas veces, en esta obra tocó por intuición y simpatía una de las cuerdas más sensibles del alma nacional. Y ahora había dado un diapasón que todos los públicos amplifican sin medida, pues se trataba nada menos que del ensueño sexual colectivo, de la norma erótica que casi todo español lleva dentro de sí.

La representación del *Tenorio* puede a veces parecer un acto patriótico —o, tal vez, patriotero— porque su protagonista encarna, mucho mejor que los "Tenorios" foráneos, e incluso que el de Tirso, una concepción española del amor. Y esta concepción se señala por un inconfundible carácter religioso. La popular obra de Zorrilla es, ante todo, un drama religioso, como la subtituló su autor; la obra de un dramaturgo que quizá no sabe apenas nada de teología, pero que la siente. Como las comedias teológicas del XVII, el *Tenorio* termina con una declaración de la doctrina sobrenatural que encierra:

> ...quede aquí
> el Universo notorio
> que, pues me abre el purgatorio
> un punto de penitencia,
> es el Dios de la clemencia
> el Dios de Don Juan Tenorio.

Se puede decir sin exageración que en la obra de Zorrilla, —a diferencia de otros "Don Juanes"— el tema central no es la seducción (ni siquiera el poder diabólico de seducción, como cree Pérez de Ayala), sino la redención del pecador por intercesión de una mujer pura. Es, pues, un tema teológico, aunque de una teología un tanto fantástica y heterodoxa. Si nos fijamos bien, vemos que doña Inés ha usurpado en

16

este drama una función altísima que en realidad sólo corresponde a la Madre de Dios, la de co-redentora
e intercesora por la salvación del hombre pecador.
El amor de Don Juan por Doña Inés equivale a la
devoción mariana que salva al *Esclavo del demonio*
en la obra de Mira de Amescua o en cualquier otra
antigua comedia de santos. *absurdity, when*

A primera vista, esta usurpación de poderes sobrenaturales por una mujer terrenalmente enamorada,
parece un desvarío romántico, pero sólo lo es en apariencia. En realidad, se trata de algo mucho más
antiguo —y más arraigado en el alma española— que
el Romanticismo. Es una actitud que el español
adopta frecuentemente en la vida diaria y que a nadie parece desaforada ni romántica. Muy a menudo,
entre nosotros, el mujeriego, el borrachín o el ato-
londrado esperan su redención de la novia o la esposa. Y no es que esperen simplemente una reforma
de costumbres, una salvación de tejas abajo, sino
una verdadera redención sobrenatural, la salvación
de sus almas. Si alguien le arrastra de vez en cuando
al confesionario o al comulgatorio, es ella. Ella le
incita al arrepentimiento, intercede por el descarria-
do en sus oraciones y hace que no le falten los sacramentos en la hora de la muerte. La mujer pura
—ya sea con la virginidad de la novia o la fidelidad
de la esposa— tiene en España desde muy antiguo
un papel curiosamente sacramental, y ha sido considerada, al margen de la teología oficial, signo e instrumento visible de la gracia divina. Esta creencia
está sin duda íntimamente ligada con la exagerada
devoción mariana de los españoles, para los que María es sobre todo la proyección religiosa de un ideal
femenino, la Novia o la Madre celestial en cuya pureza reside primordialmente su poder intercesor.
Nuestro pueblo asocia con frecuencia la castidad de
sus mujeres a la pureza antonomásica de María y
los macarenos de Sevilla vitorean entusiásticamente

a su Virgen por haber vuelto a su templo "más honrá" que cuando salió, tras varias horas de callejeo procesional. La santidad intrínseca de la esposa da al hogar y a la familia un carácter fuertemente religioso: los lazos de familia devienen sagrados; el hogar, donde se crían y forman los hijos, se convierte en un reducto contra los peligros de corruptores del mundo; no pueden entrar en él personas indignas; se habla allí con un vocabulario expurgado, muy distinto del que se usa en el café o en la taberna; la esposa o las hijas no pueden rozarse con mujeres de virtud fácil. En este hogar-santuario, que se decora con imágenes religiosas, reside la salud espiritual del hombre que se aventura a diario fuera de él, y que a menudo sucumbe a las tentaciones del mundo. Y nótese que el hogar español no ha sido solamente un reducto moral, sino, aun más específicamente, religioso. Todos hemos oído hablar de cómo muchos hombres públicos de la Restauración, que hacían profesión de librepensamiento, educaban a sus hijas en conventos y conservaban celosamente la seclusión tradicional de sus hogares. Fuera de sus casas, en el periodismo o en la oratoria, la moral era para ellos independiente de la religión; en la intimidad de sus familias, la piedad femenina seguía resultando indispensable.

De este tipo de mujer sacerdotisa se enamora Don Juan en el drama de Zorrilla. Tras tantas calaveradas, la gracia divina, por medio de la belleza e inocencia de la ex-novicia, le ha tocado el corazón. La famosa "escena del sofá" no es una escena de seducción, sino una proposición de matrimonio. Doña Inés, fascinada e inexperta, teme ser objeto de una atracción diabólica, pero su cortejo la tranquiliza:

> No es, doña Inés, Satanás
> quien pone este amor en mí;

es Dios, que quiere por ti
ganarme para Él quizá.

El terrible seductor está sinceramente dispuesto a
casarse, llega en efecto a humillarse ante el padre
de ella, y si sus planes fallan no es por su culpa,
sino por la desconfianza y repulsa de don Gonzalo.
Este buen propósito de acogerse a sagrado, al reducto familiar presidido por la mujer piadosa y casta,
es, en último término, lo que hace posible su salvación.

El amor de Don Juan por Doña Inés es profundamente español, y apenas se parece a lo que el amor
significa en el resto de Europa. La pareja de Zorrilla
es una idealización dramática de esos novios hierá-
ticos de los pueblos españoles, que apenas se rozan
los dedos, que no se besan, que no hablan casi, que
deambulan juntos y sin comunicarse, en una estática
relación deshumanizada y pre-sacramental. A lo mejor, uno de esos novios os cuenta en el café, con
toda suerte de detalles groseros, sus aventurillas con
busconas y coristas. Os enteráis con asombro de que
practica la "fellatio" o el "cunnilinctus" con mujeres
sucias por las que no siente el menor afecto, pero
que le parecería sacrílego abrazar a su futura cónyuge. Ese español, que no es ni mucho menos un degenerado —pensamos en el gran Quevedo— sólo concibe dos modos de relaciones con las mujeres: o
cruda sexualidad o veneración distante, casi religiosa. Con la hembra fácil hace cosas sucias, sin mirar-
le a los ojos. A la novia o la esposa, la pone en un
altar. ¿Se puede decir que la ama? Habría que inventar un nombre nuevo para ese sentimiento del
español que "respeta" a la novia hasta el extremo
de no poderle demostrar su afecto; que, al casarse,
la encierra en su casa y se marcha al café a hablar
con los amigos; que no dice a su mujer cuánto gana
ni le hace compartir sus preocupaciones profesiona-

19

les; que espera de ella abnegación y fidelidad, oraciones y vigilancia moral sobre sus hijos, pero no compañía, ni comprensión, ni mucho menos apasionamiento.

Ninguna de esas dos modalidades es amor en el sentido europeo del término; ninguna de ellas es amor-pasión, ni siquiera amor-sentimiento; ninguna de ellas es efusión afectiva total, de alma y cuerpo. El español de casta es —o, por lo menos, ha sido hasta hace poco— demasiado viril, demasiado "macho" para aceptar ninguna relación psicológicamente íntima con las mujeres. Con unas cuantas excepciones ilustres, y por debajo de las convenciones literarias de la época, nuestros grandes escritores del Siglo de Oro parecen a menudo burlarse de la sentimentalidad portuguesa tan de moda entonces, así como rehuían las formas más blandengues del patetismo a lo Petrarca. Esa tan alabada contención castellana parece con frecuencia una tenaz, íntima repugnancia del varón a entregar o descubrir la hondura de un alma encastillada en sí misma, radicalmente incapaz de abrirse al otro sexo. El español cazurro se ríe de Werther, que le parece un memo, y pone en duda la masculinidad del desgraciado amante de Manon Lescaut. Nada comparable a estas epopeyas de la pasión amorosa ha producido la literatura española.

Esta polarización de las relaciones intersexuales ha dividido a las mujeres españolas en dos categorías sin posibles gradaciones intermedias: honradas y deshonradas. El lenguaje refleja las extremosidades de la mentalidad popular. No se concibe la amistad asexual entre hombre y mujer: "amiga" significa concubina. El español de la calle apenas distingue entre una "liaison" duradera y la promiscuidad. Tampoco se mete a diferenciar entre prostitución y amor extramarital. Una misma palabra de dos sílabas define tajante la reputación de la mujer que in-

20

curre en una u otro. Estos hechos de lenguaje y de conceptuación son, seguramente, de creación masculina, pero aceptados y sancionados por el otro sexo. Dividen el mundo femenino en dos categorías bien netas, que se corresponden perfectamente con las dos extremas del erotismo nacional: el impulso carnal, veteado de sadismo moral hacia la prostituta, y el culto reverencioso, también algo inhumano, que se paga a la esposa-sacerdotisa.

Nuestro esquema, como todos los esquemas, sólo es aceptable con una importante salvedad: la de que en él caben infinitas formas intermedias, innumerables variaciones individuales. Cada español, cada hombre, ama a su manera. Ninguna generalización de psicología colectiva es enteramente aplicable a éste o aquel individuo; ni siquiera a grupos más o menos extensos y significativos de los miembros de una sociedad. Pero es igualmente cierto que no son las diferencias individuales o minoritarias las que definen la fisonomía moral de un pueblo. Ésta se caracteriza por un conjunto de normas ideales que ningún individuo realiza por completo, pero a las que casi todos, en cierta medida, tienden sin saberlo y a veces sin quererlo. Y son precisamente estas fuerzas colectivas (no las actitudes conscientes de individuos aislados) las que moldean en mayor grado nuestras relaciones sociales.

El *Tenorio* de Zorrilla parece una apoteosis dramático-ritual del erotismo español en sus formas más extremas y de mayor vigencia social. Don Juan, un mujeriego de amplias tragaderas, para cuyo enorme apetito sexual es lo mismo "la princesa altiva" que "la que pesca en ruin barca", goza menos en seducir que en rebajar sus conquistas al nivel de las prostitutas. A su paladar poco refinado le importa más el número que la calidad. Gran parte de sus hazañas eróticas las ha realizado fuera de España, ya que las extranjeras son (al menos en la creencia popular) más

21

livianas que sus compatriotas. Uno no puede menos de pensar en todos esos españoles trotamundos que pretenden haber sojuzgado —de puro "machos"— a increíbles números de francesas o suecas. Don Juan Tenorio, por supuesto, no se contenta con aventuras fáciles; busca las más peliagudas, las más ofensivas (Ana de Pantoja) e incluso sacrílegas (Inés de Ulloa), y en eso se diferencia de la mayoría de sus coterráneos. Pero estos no le admirarían de no ser así. Su sobrehumana temeridad, su diabólico inmoralismo son ingredientes necesarios para suscitar ese escalofrío de envidia y admiración inconscientes que requiere su papel de paradigma inalcanzable.

En su conversión —por un mal llamado enamoramiento, que es en realidad un golpe de gracia sobrenatural, una iluminación paulina— al culto de la Novia inmaculada, futura esposa-sacerdotisa, Don Juan tampoco sigue la ruta del hombre vulgar. Su impulsiva altanería destroza en un momento, con la muerte del Comendador, el entrevisto futuro de redención por el matrimonio. La redención no le llega, como a la mayoría de los españoles, por la convivencia sacramental con la esposa sufrida y rezadora, sino por una intercesión milagrosa de la novia muerta, instrumentada, además, con increíbles prodigios de ultratumba. Toda esta fantasmagoría era también necesaria para elevar al Tenorio a la estatura abrumadora de símbolo nacional. Al igual que muchos novios o maridos, Don Juan malpaga el sacrificio de la sublime mujer con nuevas infidelidades y pecados, pero esto no le impide salvar su alma, mientras que sus imitadores de carne y hueso creen firmemente que correrán la misma suerte. Los méritos espirituales de la mujer redentora son en sí mismos suficientes para efectuar la salvación del novio o el marido descarriados. Esta creencia popular nunca formulada doctrinalmente, pero muy arraigada en la teología doméstica del español, es por cierto uno de los temas claves del popularísimo *Tenorio*.

Durante mucho tiempo, creí que el éxito de esta obra se debía sobre todo a lo que entonces me parecía su moral acomodaticia y aburguesada: al salvar al libertino y al salvarlo "por amor", Zorrilla satisfacía las ansias inmaginativas de un público pacato y comodón, que admira y envidia el libertinaje, pero que quiere llevar a buen término el "negocio" de su salvación; que teme apasionarse, pero gusta en lo ficticio de un romanticismo de bambalinas. Hoy pienso de manera muy distinta. La salvación de Don Juan no es una componenda placentera, superpuesta al viejo tema del Burlador con el mero fin de proporcinarle un "happy end" que deje contento a un público irresponsable. Es el desenlace lógico de una serie de supuestos morales y psíquicos, desarrollados y exaltados en el drama y a los que éste debe su larga fama, por ser, en el fondo, los mismos de su público.

Maeztu creía que el destino ultraterreno de Don Juan no afectaba a su función mítica, a su papel de símbolo eterno de una aspiración humana, que al mismo tiempo es un atributo divino: Don Juan o el Poder. Y estaba en lo cierto. Por eso Don Juan es universal. Pero no es menos cierto que al preferir el *Tenorio* zorrillesco a otros "Don Juanes" más antiguos, y literalmente mejores, los públicos españoles han demostrado identificarse con el primero, a exclusión de los otros. En la obra de Zorrilla han visto la plasmación ideal de unas formas de vida y de conducta sexual que son las suyas propias. La salvación del héroe —por intercesión de la Mujer casta— remata esa teología moral extremista y heterodoxa que cada español lleva dentro, no como doctrina, sino como norma íntima de vida, injustificable en términos racionales. En esa teología popular, secreta y pragmática, donde sexo y religión se funden en unión impenetrable, se armonizan de manera peculiarmente española las dos grandes tendencias opuestas de la sexualidad humana, poligamia y monogamia. Polígamo en cuanto al instinto, sin comprometer apenas su capacidad emotiva, el español es también monógamo en un plano espiritual religioso, casi al margen de lo sentimental. Y así es Don Juan, el Don Juan de Zorrilla.

¿Qué sabemos del futuro? Las formas de vida de un pueblo son muy tenaces; a veces parecen desafiar todo cambio. El *Tenorio* de Zorrilla, el *Tenorio* del pueblo, pervivirá muchos años en los tablados polvorientos de las provincias españolas, como pervivirán las corridas de toros y los botijos de arcilla. Pero ¿quién nos dice que un día no habrá cambiado todo eso hasta convertirse en recuerdo de eruditos? Entonces —permítaseme una modesta y fácil predicción— el "inmortal" Don Juan Tenorio pasará a reunirse, en el archivo de dramas románticos con sus olvidados hermanos, con *El pastelero de Madrigal* y *Traidor, inconfeso y mártir.*

II: EL PAPEL DE SHAKESPEARE
EN *UN DRAMA NUEVO* DE TAMAYO

En la crítica de *Un drama nuevo* que conozco, es corriente considerar al personaje, Shakespeare, como un postizo injustificado, sin función precisa en la acción de la obra y sin ningún parecido con su modelo histórico (1). Cuando no se le valora de manera negativa, se le suele dejar de lado, como si su aparición en escena fuese un mero truco técnico, utilizado sobre todo para dar realce al espectacular desenlace del drama. Y, sin embargo, no es así. Shakespeare, creo, es un personaje fundamental en la mejor pieza de Tamayo, tiene una misión bien definida en ella, e incluso nos da la clave del significado moral y artístico de *Un drama nuevo*. No está concebido tan sólo como un homenaje al gran dramaturgo inglés, tan admirado en toda Europa desde

_____

(1) «Personaje puramente incidental, pero de gran relieve» lo considera E. Juliá Martínez, *Shakespeare en España*, Madrid, 1918, p. 240. Para Boris de Tannenberg, *Un dramaturgue espagnol: M. T. y B.*, París, 1898, pp. 59-60, la inclusión de un Shakespeare «de fantaisie», aunque justificada, «n'a pas d'ailleurs nulle prétension à la verité historique». A. Valbuena Prat, cuya hostilidad por Tamayo es bien conocida, cree que éste, aburguesándolo todo, degrada al genio hasta convertirlo en «un buen componedor de amigos» (*Literatura dramática española*, Barcelona, 1930, p. 318). Mucho antes, Leopoldo Alas se había preguntado: «¿Es defecto de este poema tan alabado aquel Shakespeare puramente ideal que pudo Tamayo llamar de cualquier otro modo? Sí, es defecto, pero también leve, porque el autor no nos ofrece el drama de Shakespeare, sino un drama en que el gran poeta figura en segundo término» (*Obras selectas*, Madrid, 1947, p. 1.019).

el romanticismo acá, sino que también contribuye a expresar de forma indirecta las ideas del propio Tamayo sobre la naturaleza y función del teatro moderno. El Shakespeare de Tamayo es, en gran medida, Tamayo mismo, como dramaturgo y como hombre; un doble del autor entre sus propias criaturas, una figuración del dramaturgo como creador y como guía, cuya responsabilidad no se limita a la esfera de lo artístico, sino que se extiende a la del "directeur de conscience" (2). La asimilación de Tamayo con *su* Shakespeare, con el que él entendía y admiraba como maestro de dramaturgos y quizás como hombre, es algo que arroja mucha luz sobre el sentido total de *Un drama nuevo*, obra, a mi parecer, no siempre bien comprendida por sus muchos panegiristas.

Para explicar todo esto tendré que retrotraerme a examinar y tratar de reconstruir del modo más coherente posible las ideas que Tamayo tenía sobre el arte dramático, y, más en particular, sobre la tragedia moderna. Y no se trata sólo de Tamayo, sino también de sus contemporáneos, antecesores y seguidores, de toda una línea de escritores que, como Alberto Lista, Francisco de Paula Canalejas o Alejandro Pidal y Mon, compartían con nuestro autor ciertas ideas básicas sobre lo que debía ser el teatro del siglo XIX. La terminología con que estos hombres trataban de definir las diversas formas y funciones del arte dramático es a menudo confusa o contradictoria. Tamayo, por ejemplo, hablaba lúcidamente, en su prólogo a *Virginia*, de la necesidad de renovar el concepto y la práctica de la tragedia, pero no se atrevió a usar este apelativo para *Un drama nuevo*, al que califica de "drama en tres actos", a pesar de que cumple todas las condiciones postula-

_____

(2) Así lo llama Boris de Tannenberg, *Ob. cit.*, p. 60.

das por él mismo para la tragedia moderna (3). Algunos años después, en cambio, Canalejas distingue, de modo más lógico y consistente, entre la tragedia, cuya acción representa el triunfo del mal, y el drama, en el que, después de más o menos peripecias, resplandece la libertad para elegir el bien (4). Tales vacilaciones no deben desorientarnos, pues ahora, a la distancia de un siglo, podemos ver claramente cuál era la meta que perseguían todos ellos. Tras la bancarrota del neoclasicismo, asentado ya el polvo de la confusa batahola romántica, había que repensar y clarificar los principios del drama. Y había que hacerlo con el tono y la manera que requería el momento histórico, con el afán estabilizador y asimilativo, a la par que ordenador, del período isabelino y alfonsino. No era cuestión de "reaccionar" contra los "excesos" del romanticismo, ni de volver a una postura neoclásica ya insostenible. Se trataba de armonizar y conciliar, de aprovechar lo aprovechable,

_____

(3) En ese prólogo Tamayo sigue bastante de cerca las ideas de A. W. Schlegel, e incluso los símiles de éste, al pedir para la tragedia moderna «menos cabeza, más alma; menos estatua, más cuadro» (M. Tamayo y Baus, *Obras completas*, Fax, Madrid, 1947, pp. 244-57; para las citas de Tamayo me referiré en adelante, entre paréntesis, a páginas de esta edición). También Schlegel debió servirle de guía para la redacción de su discurso de ingreso en la Academia, pues Tamayo pidió a Cañete que le enviase de antemano un ejemplar del *Curso de literatura dramática* del crítico alemán: v. R. Esquer Torres, «Epistolario de M.T. y B. a M. Cañete», *Revista de literatura*, XX (1961), pp. 367-405. Por otra parte, recuérdese que durante la primera mitad del siglo XIX se reservaba el nombre de tragedia para las de inspiración clásica, tales como la *Virginia* del propio Tamayo o *La muerte de César* de Ventura de la Vega, mientras que lo que hoy llamamos tragedias románticas (*La conjuración de Venecia, Macías, El trovador*, etc.) se subtitulaban «dramas históricos». Larra mismo se sujetaba a esta nomenclatura, a pesar de haber puesto el dedo en la llaga cuando escribe: «...el drama histórico es la única tragedia moderna posible, y... lo que han llamado los preceptistas tragedia clásica no es sino el drama histórico de los antiguos» (*Atículos completos*, 2.ª ed., Aguilar, Madrid, 1951, p. 635).

(4) Fco. de Paula Canalejas, «Del carácter de las pasiones en la tragedia y en el drama», en *La poesía moderna: discursos críticos*, Madrid, 1877, p. 38.

dentro de los nuevos sistemas de pensamiento, que eran, a la vez, más conservadores y menos exclusivos que los románticos. Se trataba, en suma, de reconstruir, no de destruir. Tamayo, por lo pronto, no era antirromántico: apreciaba grandemente la dramaturgia de Rivas (5), de Hartzenbusch, e incluso de Víctor Hugo y Dumas padre. Para él, si en el romanticismo había mucho de descarrío y confusión moral, había aun más de ensanchamiento y de conquista: los románticos, guiados por las dos estrellas de la dramaturgia cristiana, Shakespeare y Calderón, habían llevado al teatro una concepción más amplia y más sublime que nunca del alma humana y sus potencialidades (p. 1150). Con él coincide, en este punto como en muchos otros, un crítico nada sospechoso de neocatolicismo, el krausista Francisco de Paula Canalejas. Lo que une a los escritores más conspicuos de esa época en su actitud ante el teatro es un fuerte sentido de la seriedad y trascendencia moral del drama, así como de sus implicaciones sociales. La sociedad puede necesitar reforma o conservación, pero nunca que se la maldiga o se la subvierta, como quería el romántico exaltado. El individuo debe recibir del dramaturgo instrucción moral, pero no porque se le presenten modelos de buenas costumbres, o porque se le sermonee con melodramas ingenuos (como son, a su pesar, algunas obras del mismo Tamayo), sino porque el literato tiene que ense-

(5) Si bien trató de cristianizar el sentido de su *Don Álvaro* ignorando su fatalismo y suponiendo que el héroe se arrepiente al final: «¡Oh, cuál lamento los dolores de este generoso Don Álvaro, todo pasión y fuego, nacido a grandes cosas y arrastrado siempre a la desdicha *por la fuerza de su carácter*! [el subrayado es mío]. Cuando le veis precipitarse desde la roca al abismo, ¿no se os conturba el alma prensando si le aguardará la condenación eterna; y no os halaga la idea de que en un solo punto, al caer, puede haberle salvado el arrepentimiento? Así, el drama cristiano lleva la mente de la criatura al Criador, sin que jamás su desenlace se verifique en la tierra, sino en el cielo» (p. 1.155).

ñarle la realidad psicológica y axiológica de lo humano, su complejidad, sus miserias y sus ideales.

Sería pretencioso e impráctico tratar aquí de pasar revista a lo mucho que se escribió sobre teoría dramática en el siglo XIX. Bástenos resumir las ideas de Tamayo y sus contemporáneos sobre la tragedia, género que constituye la verdadera piedra de toque de su concepto del drama. Algunos teóricos del romanticismo habían generalizado la concepción de que el drama grecolatino era incompatible con el cristiano moderno, por basarse en la negación del libre albedrío. Ya Alberto Lista, con su habitual penetración y aplomo mental, y rebasando las superficies polémicas de "clásicos" y "románticos", había observado la estrecha relación que existe entre el teatro griego y el romántico a ultranza, pues que ambos describen al hombre "fisiológico"; los griegos, porque su religión no influía en la moral; los franceses modernos y sus imitadores, porque le hacen esclavo de sus pasiones. En cambio, la civilización cristiana llevó la tragedia a la conciencia individual, a la lucha entre la pasión y el deber, entre la fisiología y la inteligencia. Por eso los neoclásicos franceses introducen el remordimiento en asuntos helénicos. En este sentido son para Lista más románticos (es decir, más cristianos) Corneille y Racine que Dumas y Hugo (6). Para Tamayo y su generación, añejo

---

(6) Alberto Lista, «De lo que hoy se llama romanticismo», en *Ensayos literarios y críticos*, Sevilla, 1844, II, pp. 38-41. Martínez de la Rosa, en su discurso sobre «El influjo de la religión cristiana en la literatura» (cit. por Lista, I, pp. 27-28) también afirma que el drama cristiano «profundiza más hondo en los senos del corazón humano, sorprende hasta el menor impulso de las pasiones, y retrata luego a la vista de los espectadores una lucha más interesante y más verdadera que la del débil mortal con el inexorable destino: la lucha del hombre dentro del hombre mismo». *Ibid.* Agustín Durán («Discurso sobre el influjo de la crítica moderna en la decadencia del teatro antiguo español», Madrid, 1828, resumido por N. Sicars y Salvadó, *D. M. T. y B.*, Barcelona, 1906, p. 23) «demostró que la diferencia capital entre el arte clásico, según los modelos de la antigüedad griega y latina, y el arte romántico, en la signi-

ya el problema de las formas dramáticas y de las reglas o libertades del dramaturgo, la cuestión es aun más una cuestión de sustancia, de concebir al hombre rectamente como un agente libre e incluso redimido por Cristo, con albedrío limitado por sus pasiones y circunstancias, pero innegable en su esencia, y jamás sometido a ningún hado o destino fuera de su control moral. Si en la vida humana la desgracia es siempre prueba impuesta por la Providencia o resultado de la debilidad o ceguedad moral del hombre, no de un sino inexistente, "juzgo necesario —escribe Tamayo—, para que el drama ofrezca interés, hacer el retrato moral del hombre con todas sus deformidades, si las tiene, y emplearlo como instrumento de la Providencia para realizar ejemplos de provechosa enseñanza" (p. 153). Y estas palabras las estampaba Tamayo a la temprana edad de 23 años, apenas salido de una adolescencia sometida a las influencias de Víctor Hugo y Dumas, y durante la cual él mismo se había declarado capaz del suicidio por amor (7). Un año después, en el prólogo a *Virginia* (1853), insiste en el importante tema de la libertad a propósito de la tragedia clásica, de nuevo en boga: "Los griegos trazaban en sus obras, más que humanos, ciegos instrumentos de los dioses, que, libres de combates consigo mismos, caminaban derechos a su fin, sin estorbo ni detención alguna; resultando de aquí que, considerados los caracteres y los sentimientos como un efecto de la fatalidad, carecen de variado y profundo desarrollo y el poema, en general, de aquella importancia moral y filosófica

---

ficación de arte cristiano y propio de las sociedades modernas, estriba principalmente en que el primero se proponía describir al hombre abstracto y exterior y el segundo las interioridades del alma, la lucha de la pasión y del libre albedrío y de la conciencia consigo misma en su triple aspecto de actor, víctima y campo de batalla». Se podrían aducir infinidad de textos semejantes.

(7) *Vide* E. Cotarelo y Mori, *Estudios de historia literaria de España*, Madrid, 1901, I, p. 369.

que tanto le enaltece convirtiéndole al ejemplo y enseñanza de las naciones" (p. 247). El fin de la tragedia moderna, por el contrario, es "hacer ver el extremo de angustia y degradación a que puede llegar el hombre impulsado por una pasión desordenada no reprimida a tiempo" (p. 249). Y en su discurso de ingreso en la Real Academia (1859) remacha las mismas ideas básicas sobre lo indispensable que es al dramaturgo pintar a los seres humanos como seres cuyo "espíritu valiente, sustrayéndose al yugo de los sentidos, con libertad discurre y por sí sólo vive y funciona en los ilimitados ámbitos del mundo moral" (p. 1149). Parecidos conceptos emite Alejandro Pidal y Mon al ocuparse de un drama de Tamayo, *La locura de amor*: "Porque mirada la historia en sí, y a la luz de esta filosofía, se ve que en realidad no hay azar, ni acaso, ni casualidad, ni hechos fortuitos, ni nada que autorice a legitimar la sorpresa en los destinos de la Historia, a no ser como desmostración de nuestra natural ignorancia. El hecho más impensado y fatal es el resultado previsto por la lógica en sus premisas de actos libres, cuyos resultados tienen que ser necesarios por la ley de las consecuencias; y la Historia, al cabo, no es más que la combinación de los resultados finales de las acciones libres de los hombres por ajenos que estuvieran al cometerlas del alcance definitivo de su acción" (8). Y, por último, permítaseme traer a colación el magnífico discurso de Francisco de P. Canalejas titulado "Del carácter de las pasiones en la tragedia y en el drama" (1875). En él se elaboran con admirable lógica y rigor intelectual muchas de las ideas que Tamayo y otros habían presentado de forma embrionaria o pasajera, pero que laten sin duda alguna en las obras teatrales de nuestro autor. Según Canalejas, "la pasión no ostenta carácter trágico sino cuando el hombre es hom-

(8) Prólogo a las *Obras completas* de Tamayo, p. 36.

bre; es decir, cuando, gracias al Cristianismo, llega al conocimiento y posesión de su esencia espiritual". "Sin el libre albedrío no es el hombre capaz del bien y del mal; sin el libre albedrío no lucha; y si no lucha, y lucha desplegando todas sus fuerzas y energías contra las furiosas e incesantes embestidas de la pasión, no hay tragedia". "No hay hado, destino ni fatalidad. La pálida descendencia de Edipo terminó al caer en el abismo Don Álvaro, última encarnación en el arte de la fatalidad. No hay razas malditas, ni seres predestinados, ni generaciones condenadas. Todo es libre en la humanidad". "Si el drama no provoca un problema de libertad moral en los espectadores, no es drama".

Tamayo, aunque católico y conservador a machamartillo, no tenía la "fe del carbonero" que le atribuye su amigo Pidal (9). Por el contrario, su pensamiento es mucho más coherente, elaborado y sutil de lo que le achaca alguno de sus coetáneos (10). Su arte, si bien con muchos altibajos, se muestra también consecuente con su ideología. Aunque nunca dominó por completo su tendencia al melodrama, resultado del ambiente de su época y de la necesidad económica de satisfacer un gusto del público de entonces, su ideario teatral no tenía nada de melodramático. Tamayo era perfectamente consciente de que, si el arte del dramaturgo había de servir a un fin moral con eficacia, éste no podía limitarse a pintar seres imposiblemente virtuosos ni inexplicablemente malvados, ni mucho menos a castigar o premiar por

(9) *Ibid.*, p. 26.
(10) Tal como Isidoro Fernández Flórez (*Tamayo: estudio biográfico*, Madrid, s. a., p. 54), que escribe graciosamente: «Sus obras, si bien se las examina, no reciben el bautismo al nacer; son cristianas por la confirmación», queriendo decir que Tamayo superpone artificiosamente una tesis moral a obras concebidas por puro impulso artístico, «por el demonio del arte». Parecido es el juicio de Valera (*Obras completas*, 2.ª ed., Aguilar, Madrid, 1949, II, p. 1.130), quien ve una «antinomia... entre la moral y la estética» en los dramas de nuestro autor.

medio de un desenlace de ingenua justicia poética (11). Su discurso de ingreso en la Academia se titula "De la verdad considerada como fuente de belleza en la literatura dramática" y constituye un serio intento de basar el drama sobre el realismo psicológico más exigente, tal como lo entendía el siglo XIX pre-naturalista. El autor dramático no debe detenerse, por escrúpulos morales, ante la descripción de los mayores excesos y pasiones de que es capaz el hombre: "Primero que a historiar sucesos, tiende la escena a pintar las causas morales de que se originan; menos lo que hace el hombre, que el porqué y cómo lo hace. Y si nadie negó nunca al ingenio el derecho de representar las mayores catástrofes, ¿con qué pretexto, con qué asomos de lógica impedirle reproducir los afectos con la intensidad y energía necesarios para producir tan tremendos resultados?" (p. 1141). En el mismo discurso (p. 1142) y, mucho antes, en el prólogo a *Ángela* (p. 150), nos sorprende la generosidad intelectual de Tamayo al verle defender sin ambages la literatura pasional romántica más ajena a su temperamento y a sus criterios, y protestar contra los que creen anticuadas "las obras más notables de Dumas y Víctor Hugo (donde, si la moral no es siempre pura, el artificio dramático es bello y profundo, y las más veces verdadero el desarrollo de los afectos), como si la belleza artística pudiera envejecer nunca; de aquellos, en fin, que se horripilan, con exquisita sensibilidad nerviosa, al ver la pintura de las pasiones presentadas con el colorido, y aún con la poética rudeza de la verdad, y no tienen

---

(11) Cfr. Adelardo López de Ayala («Discurso acerca del teatro de Calderón», en *Obras completas*, B.A.E., Madrid, 1965, III, p. 389): «Indignos sin duda de entender en estas materias son los que pretenden convertir al artista en mero expositor de máximas morales, o en juez severo que administre recta justicia entre los personajes de su fábula. Juzguemos de la moralidad de una obra por los instintos o pasiones que despierte; por la impresión final que deja en el alma, y no por la acertada distribución de premios y castigos».

33

2

una lágrima y permanecen mudos e indiferentes ante el espectáculo desgarrador de los más hondos dolores" (p. 153). Toda obra literaria, en lo que tiene de reproducción acertada del alma humana, tiene para Tamayo gran valor artístico y didáctico. La obligación más perentoria del dramaturgo es, pues, ser fiel a la verdad psicológica. Ahora bien, sobre esta obligación, hay otra más alta, y que no es incompatible con la primera, sino su justo y natural complemento: la de no falsear el orden de los valores éticos, que Tamayo cree inmutable y de origen divino, la de "emplear el mal únicamente como medio y el bien siempre como fin, dar a cada cual su verdadero colorido, con arreglo a los fallos de la conciencia y a las eternas leyes de la Suma Justicia". Y prosigue: "Santificar el honor que asesina, la liviandad que por todo atropella; representar como odiosas cadenas los dulces lazos de familia; condenar a la sociedad por faltas del individuo; dar al suicida la palma de los mártires; proclamar derecho a la rebeldía; someter el albedrío a la pasión; hacer camino del arrepentimiento el mismo de la culpa; negar a Dios, consecuencias son de adulterar, con el empleo de lo falso en la literatura dramática, ideas y sentimientos...; y si en tales o cuales épocas a los ojos del vulgo suelen adquirir ciertos vicios y mentiras apariencia de virtudes y verdades, él [el arte], despojándolos del pérfido disfraz, los mostrará desenmascarados y al desnudo" (p. 1143). En otras palabras: el autor dramático, al describir verazmente cómo es el hombre, no debe olvidar nunca cómo debe ser. Ello no implica, ni mucho menos, que deba sermonear en sus obras, ni "demostrar silogísticamente un principio moral"; "no le toca moralizar doctrinando, sino conmoviendo" (p. 1142-43). La verdad dramática debe ser tal que nos conmueva por simpatía con los sentimientos y situación de los personajes y que, al mostrarnos la concatenación de causas y efectos, de los actos humanos y sus resultados,

nos dé también una lección saludable. Toda moralidad postiza y superpuesta, toda moralidad que no di-
mane de la profunda "verdad" de la acción y de los
personajes, será, por el contrario, antiartística y con-
trapoducente.

Dada la consistencia y tenacidad con que Tamayo
expuso sus principios dramáticos a lo largo de toda
su vida literaria, resulta impropio ver en *Un drama
nuevo* una obra amoral y fatalista, que es lo que en
ella han visto muchos críticos (12). Esta interpretación es, por supuesto, disculpable. El capricho de Yorick por hacer precisamente el papel de Conde Octavio, de donde derivan todas las demás pequeñas
"fatalidades" del drama, puede parecer una mani-
festación del *fatum*, cuando no es más que una simple *circunstancia* (como tantas otras que ciñen toda
existencia humana), puesta allí por el azar o la Providencia. Con ello Tamayo expresa ese sentido del
misterio de la vida que incluso un providencialista
tiene que percibir, y, quizás, carga demasiado la
mano en las coincidencias, cosa que, en mayor o menor grado, han hecho siempre los autores teatrales
desde que el mundo es mundo. Pero me parece igualmente claro que, en la mente de Tamayo, esas circunstancias no *causan* la catástrofe; simplemente,
la encauzan. Las verdaderas causas son los pecados
y debilidades de los personajes. Esas circunstancias
habrían resultado perfectamente inocuas si Alicia y
Edmundo se hubiesen conducido de forma diferente,
si Walton no fuese un malvado, si Yorick no se hubiese dejado cegar por la ira y el despecho. Y aquí,
en este entretejido de ceguedades morales, de odios
y amores enconados, es donde Shakespeare, más sa-

---

(12) E. g.: I. Fernández Flórez, *Ob. cit.*, p. 42; J. Rogerio Sánchez, *Historia de la lengua y literatura españolas*, Avila, 1944, p.
641; R. Esquer Torres, *El teatro de T. y B.*, Madrid, 1965, p. 217;
César Barja, *Libros y autores modernos*, 2.ª ed., Nueva York,
1964, p. 225; Lester G. Grocker, «Techniques of ambiguity in *Un
drama nuevo*», *Hispania* (Baltimore), XXXIX (1959), pp. 412-18.

bio, noble y clarividente que los demás, asume su importante papel aleccionador. Pero no anticipemos conclusiones.

* * *

¿Qué sabía y pensaba Tamayo de Shakespeare? No es ésta una pregunta retórica; no poseo datos para contestarla satisfactoriamente. Nuestro dramaturgo, nacido y criado entre candilejas, sabría tal vez que su tía Antera Baus había actuado con Máiquez en el *Otelo* de Ducis, o habría visto a sus padres representar *Ricardo III* en el arreglo de Antonio Mendoza, pero no es probable que hubiese presenciado, antes de estrenar *Un drama nuevo* (1867), muchas obras auténticas de Shakespeare, ya que estas llegaban siempre a las tablas nacionales adulteradas por adaptadores franceses y tergiversadas de nuevo por impenitentes traductores españoles (13). Y las únicas representaciones verdaderamente shakespearianas que vio España en el siglo XIX, las del italiano Ernesto Rossi, comenzaron en el verano de 1866, cuando tal vez *Un drama nuevo* estaba ya escrito o escribiéndose (14). Tampoco pudo Tamayo leer al bardo de Stratford en español, ya que las primeras traducciones impresas, las del Marqués de Dos Hermanas, Clark y Macpherson, son posteriores a 1867

---

(13) Tomo estos datos, y otros que siguen, de las conocidas obras de Alfonso Par, *Contribución a la bibliografía española de Shakespeare*, Barcelona, 1930; *Shakespeare en la literatura española*, 2 vols., Madrid-Barcelona, 1935; y *Representaciones shakesperianas en España*, 2 vols., Madrid-Barcelona, 1936-1940. A ellas remito al lector para las referencias de detalle.

(14) R. Esquer Torres cree que *Un drama nuevo* fue concebido mucho antes, pues entre los papeles de Tamayo que posee la Academia Española se encuentra el título *Yorick* entre otros de obras históricas no escritas, correspondientes a la época de *La richembra* (1854) y *La locura de amor* (1855). *Vide* R. Esquer Torres, «T. y B.: sus proyectos literarios inacabados», *Boletín de la Real Academia Española*, XLIII (1963), pp. 151-64.

(15). Habrá, pues, que suponer que lo leyese en inglés, si es que poseía esta lengua, o, con mayor probabilidad, en alguna versión francesa, tal como la muy completa y conocida de F. Michel (16).

Aunque la crítica shakesperiana española se desarrolla mayormente a partir de 1870, Tamayo pudo estar familiarizado con lo mucho que se había escrito en nuestro país sobre el dramaturgo inglés, especialmente en la época romántica. José Joaquín de Mora, Somoza, Lista, Alcalá Galiano, Bergnes de las Casas, Donoso Cortés y otros ingenios menores habían desperdigado en sus escritos juicios más o menos originales y certeros sobre el autor de *Hamlet*. En los años centrales del siglo, el shakespearismo había florecido en Francia con los ensayos de Guizot, Flaubert, Taine, F. Boyer, Mézières y Víctor Hugo, despertando tal vez el interés de Tamayo y de su íntimo amigo Manuel Cañete, autor de cuatro artículos sobre las representaciones de Rossi, aparecidos en la *Ilustración Española y Americana* en 1884 (17). Me es imposible dar mayor precisión a estas vagas influencias probables, pues las opiniones explícitas de Tamayo sobre Shakespeare, aun-

(15) Con excepción del *Hamlet* de Moratín, del *Macbeth* de García de Villalta (1838) y de otra traducción de esta última obra por Pedro de Prado y Torres (1862).

(16) *Oeuvres complètes de Shakespeare*, 3 vols., F. Didot, París, 1842. En una carta de Tamayo a Cañete, escrita cuando aquél sólo tenía quince años (1844), nuestro autor se califica a sí mismo de «anglo-manchego» (v. R. Esquer Torres, «Epistolario de T. y B. a M. Cañete», *Revista de literatura*, XX (1961), p. 370). ¿Querría esto decir que ya entendía el inglés? Por otra parte, el poliglotismo de Tamayo suena algo a leyenda piadosa propalada por sus biógrafos (e. g., I. Fernández Flórez, *Ob. cit.*, p. 6), y E. Schwarz ha probado que leyó a Schiller en una traducción francesa, no en el original alemán (v. «M. T. y B. and Schiller», *Comparative Literature*, XIII (1961), pp. 123-37).

(17) Que no he podido consultar. Según A. Par (*S. en la lit. esp.*, II, p. 114), en ellos «no formula Cañete juicios propios, sino que transcribe las opiniones de Schlegel, Guizot, Lessing y Taine». Dada la larga intimidad que existía entre Cañete y Tamayo, se puede presumir que las fuentes de información de este último serían las mismas.

que entusiastas, son de un carácter tan mostrenco que no permiten se las atribuya a la sugerencia de ningún autor determinado. Tamayo se limita, en efecto, al panegírico más convencional de su ídolo, alabando la fecundidad de su genio, la individualidad de sus personajes y su profundo conocimiento de las pasiones humanas (p. 1153); cosas, al fin, que todo el mundo había dicho. Por otra parte, resulta indudable que, sin ser una autoridad en Shakespeare, poseía conocimientos básicos sobre él; conocía a fondo sus obras, las fuentes argumentales de algunas de estas (p. 152), su cronología, y lo más fundamental de su biografía (18).

Tampoco hay que echar en saco roto todo ese shakespearismo difuso que impregna el siglo XIX a través de las refundiciones de Ducis, Delavigne y tantos otros apañadores franceses o españoles, y que tuvo que ejercer influjo sobre Tamayo, hombre de teatro antes que intelectual. *Un drama nuevo* debe lo central de su inspiración a *Otelo* (19), y no es coincidencia que éste haya sido, en varias refundiciones, el más popular de los dramas pseudo-shakespearianos, hasta el punto de que su héroe es el único personaje de Shakespeare que ha llegado a hacerse proverbial en nuestra patria (20). La idea de convertir a Shakespeare en personaje de su obra pudo venirle a Tamayo de algunas piezas sumamente populares en que ocurría esto mismo, tales como el *Shakespeare enamorado* de Duval, traducido por Ventura de la Vega en 1828 y representado por José Tamayo y Joaquina Baus en Barcelona en 1846; la zar-

(18) «Tamayo had unquestionably made a careful study of Shakespeare's life and work», sostiene Roy T. House, «Lope de Vega and *Un drama nuevo*», *The Romanic Review*, XIII (1922), pp. 84-87, aunque admitiendo algunos pequeños errores.
(19) *Vide* N. H. Tayler, *Las fuentes del teatro de T. y B.*, Madrid, 1959, p. 184 y ss.
(20) La expresión «ser un Otelo», por «ser muy celoso», tiene verdadero arraigo popular, al menos en Madrid.

zuela de Rosier y De Leuveu *El sueño de una noche de verano*, españolizada por Patricio de la Escosura (1852) y el *Guillermo Shakespeare* de Enrique Zumel (1853), procedente de la novela francesa de Clemence Robert. Precisamente porque Shakespeare aparece en las dos primeras como personaje frívolo y hasta grotesco, mientras que en la tercera está excesivamente romantizado, no es absurdo pensar que Tamayo quisiese corregir estas falsificaciones presentando en su drama un Shakespeare más histórico, más sensato y más de acuerdo con su talento de gran dramaturgo. Además, teniendo en cuenta que la época de Tamayo es época de incesantes refundiciones, y que éste mismo adaptó obras alemanas y francesas para imponerles su sello propio, no sería ilógico considerar *Un drama nuevo* como otra versión más de *Otelo*, rehecho por el escritor español para dar su propia visión de un antiguo tema trágico (21), así como para exaltar de forma palpable el valor que para él tenían el teatro y la humanidad de William Shakespeare.

* * *

La presencia de Shakespeare en *Un drama nuevo* se puede considerar en tres aspectos principales:

1) *Un drama nuevo* se singulariza en la producción teatral de Tamayo por ser única obra de desenlace trágico (con la excepción de *Virginia*) en que los personajes culpables no se arrepienten *in articulo*

_____

(21) El tema de los celos es usa constante en la dramaturgia tamayina, como atestiguan *La locura de amor* y *La bola de nieve*. Tamayo había refundido y adaptado tanto que no es extraño que *Un drama nuevo* despertase suspicacias en su día, según muestran los versitos satíricos de Ángel María Segovia:

Da sus obras a escondidas
y escribe bastante bien;
yo aplaudí su *Drama nuevo:*
falta saber si lo es.

(*Melonar de Madrid*, Madrid, 1876, p. 144).

mortis o al presenciar la muerte de otros, cosa que ocurría en *Juana de Arco, Angela, La locura de amor* y *Lances de honor*. En éstas, los pecadores acababan por reconocer sus errores y prepararse para la eternidad. En *Un drama nuevo*, se tropieza con la muerte inesperadamente, y la ejemplaridad no está en boca de los actores, sino en la lección que el espectador debe deducir. La única moralización que se permite Tamayo es pedirnos por medio de Shakespeare que roguemos por los muertos y por los matadores, es decir, invitarnos a la compasión y la piedad. Esta forma de desenlace la hacía para algunos de sus contemporáneos una "tragedia shakespeariana" y es muy posible que Tamayo la hubiese concebido también en este espíritu. Ello le habría ayudado a librarse por una vez de la tendencia a los finales edificantes que estropea la mayoría de sus piezas.

"Recordad —había dicho Tamayo— el mundo animado en la esfera del arte por el numen de Shakespeare. Allí la inagotable variedad de la naturaleza, distinguiéndose cada personaje entre los demás por una fisonomía propia; allí el humano sin enmiendas ni mutilaciones, causando al par lástima y admiración; allí los más ocultos móviles de la volunad, las más impenetrables operaciones de la conciencia, los más hondos abismos de la mente y el corazón" (página 1153). Acuciado por la perfección de su modelo, nuestro autor se propuso en *Un drama nuevo* —tal vez en mayor grado que antes— dos cosas fundamentales: la caracterización acabada de las figuras ("una fisonomía propia" para cada personaje) y la explicación convincente de sus motivaciones ("los más ocultos móviles de la voluntad"). Yorick, con su hombría de bien, su ingenuidad, su sugestionabilidad, no es *el celoso* genérico e incomprensible de *La bola de nieve*, sino un individuo, con el cual podemos simpatizar. Walton, que parece superficialmente un malvado de folletín, es un psicópata, mar-

40

cado indeleblemente por una experiencia traumática. Y al calificarle Alicia de "demonio", contesta definiéndose a sí mismo: "Un hombre soy, un pobre hombre que se venga". Yorick, de carácter ingenuo y confiado, se vuelve celoso por los sarcasmos de Walton, pero tal vez no ha estado nunca muy seguro de su ascendiente erótico sobre su mujer, por la diferencia de edades (22). Walton, provocado a la infamia por los insultos de Yorick, alimenta su envidia con un antiguo complejo de inferioridad y resentimiento. A estos factores hay que añadir el sentido de desarrollo que imprime Tamayo a la obra, el florecer trágico que las circunstancias imparten a las potencialidades psíquicas de los personajes. Las apariciones de Shakespeare en escena, las alusiones a *Romeo y Julieta*, *Macbeth* y *Otelo*, el desenlace "bárbaro y sanguinario", que diría Moratín, refuerzan la idea de que Tamayo quiso hacer de su obra un drama shakespeariano.

2) Como ha estudiado Lester G. Crocker en su citado artículo (nota 12), ya clásico, en *Un drama nuevo* se da una complicada interacción entre la realidad y el teatro, entre la vida y el arte. Alicia y Edmundo sienten reverdecer su mutuo amor al representar *Romeo y Julieta*. Yorick, sin sospechar la verdadera causa de que su mujer haga tan bien ese papel ("Vamos, aquello es la misma verdad"), lo atribuye a talento mímico. En cambio, al hacer de

---

(22) «Recordé un sí ardiente como el amor y otro sí tibio como la gratitud», se confiesa Yorick al evocar su boda y comprender lo precario de su enlace con Alicia: «únicamente con el amor hace el amor nudo que no se rompa». Me parece que G. E. Mazzeo, «Yorick's covert motives in *Un drama nuevo*» *Modern Language Notes*, (Baltimore), LXXXIIII (1968), pp. 275-78, va demasiado lejos al suponer, interpretando a su modo varios pasajes, que Yorick sospecha desde el principio lo que pasa entre Alicia y Edmundo, y que por eso quiere hacer el papel de marido celoso en la obra nueva. Si Yorick sospechase de Edmundo no tendría sentido la confrontación de ambos en la escena 3 del acto II, ni, por supuesto, su desconcierto al leer la carta.

marido celoso en la *comedia nueva*, le parece estar representando sus verdaderas sospechas. Y al final de la obra, cuando ya ha descubierto su triste situación, él, Alicia y Edmundo expresan sus sentimientos auténticos con los versos del autor novel, hasta que la estocada "real" se confunde a los ojos del público con la ficticia del "teatro dentro del teatro". A este respecto, la presencia de Shakespeare en las tablas me parece también crucial, pues Shakespeare está viendo, como único testigo imparcial y total (23), que lo que sus amigos y empleados están fingiendo como actores les está ocurriendo también como hombres y mujeres. Y ese drama "real", más amplio y complejo que el ficticio, se parece extrañamente a algunas de sus propias obras. Es decir, la realidad le está confirmando lo verdaderas que son sus obras; la realidad está desplegando ante sus ojos asombrados una tragedia que no ha escrito él y que sin embargo no se diferencia de las suyas más que en que está ocurriendo "de verdad".

Ese juego se encamina a confundir las fronteras entre realidad y ficción, pero no para sugerir metafísicamente la irrealidad de la existencia, como en Unamuno, ni para remachar una vez más el tópico barroco del "teatro del mundo", sino, por el contrario, para afirmar que la verdad humana y la verdad artística deben coincidir en la obra del dramaturgo, que éste debe ser fiel a la vida, y entonces será posible que la vida parezca copia del arte, pero precisamente porque éste la ha copiado antes. Yorick, Alicia y Edmundo se identifican con sus papeles en la *comedia nueva* porque su situación "real" coincide exactamente con la que tienen como actores. Cuando Shakespeare dice al final que Yorick "ha herido realmente" a su hijo adoptivo "ofuscada su razón

---

(23) Si exceptuamos al verdadero público de la obra de Tamayo, que también sabe lo que ocurre entre los bastidores del teatro de Shakespeare, naturalmente.

42

por el entusiasmo", es decir, enajenado por su papel, está diciendo, al mismo tiempo, una mentira piadosa, ya que le ha matado como verdadero marido celoso (24), y una verdad parcial, puesto que ambos adoptan el artificio dramático para solucionar un conflicto humano. Ese "entusiasmo" no es fervor artístico, sino pasión viva que agarra los versos de un extraño para esgrimirlos como un arma, deparada por la casualidad. Con ello, cumplen además su deber de actores, lo cual es un condicionamiento no menos real. Inversamente, si Alicia y Edmundo reavivan y se declaran su antiguo amor al recitar *Romeo y Julieta*, es porque el buen arte, al expresar vívidamente lo más profundo de nuestra humanidad, nos hace cobrar conciencia más clara de lo que realmente somos. Todo esto resulta evidente si se lee con atención el discurso de Tamayo sobre "la verdad considerada como fuente de belleza en la literatura dramática", donde se elogia a Shakespeare por haber puesto en sus obras "la humanidad retratada al vivo" (p. 1153).

3) Por último, Shakespeare aparece en *Un drama nuevo* como hombre, no sólo como dramaturgo ni empresario. Esta es sin duda su función más importante, la de dar un ejemplo de nobleza y de sabiduría moral. No sabemos de dónde tomaría Tamayo la imagen de un Shakespeare bondadoso y altruísta, imagen que tenía ya curso en la obra de Zumel; pero esto tiene realmente poca importancia, pues es claro que para Tamayo el carácter moral del célebre dramaturgo es una consecuencia de su profundo conocimiento del corazón humano. El escritor que tan

---

(24) Valbuena tiene razón al sostener que «*Un drama nuevo* está más del lado de 'el teatro es vida' que 'del gran teatro del mundo'» (*Hist. de la lit. esp.*, 2.ª ed., Barcelona, 1946, II, p. 658). Como es sabido, ha habido espectadores que han creído que los actores se habían herido realmente al representar la obra de Tamayo; y esta confusión (que no sé si Tamayo habría previsto o no) reforzaría aun más la impresión 'de vida' perseguida por el autor.

a fondo conocía las pasiones, sus móviles y sus efectos, no podía por menos de ser bueno y justo. La verdadera sabiduría y la moralidad se identifican en la mente de Tamayo.

Un drama nuevo es la tragedia de la ceguera moral. Ninguno de sus personajes, excepto Walton, es un perverso, pero todos cometen errores de gravísimas consecuencias. La culpa no recae sobre uno solo, como en los melodramas, ni sobre el hado o la sociedad, como en los dramas románticos más subversivos, sino que se reparte y concatena en diversos grados entre todos los personajes, a la manera de las tragedias calderonianas, según ha mostrado la crítica inglesa reciente (25). El mal arranca del casamiento, por malentendida gratitud, entre Yorick y Alicia, primer paso funesto de que son culpables la madre de ésta con su inoportuna presión, Alicia misma por docilidad excesiva, Edmundo (que debía haber reclamado sus derechos a la mujer que ama y le corresponde) e incluso Yorick, cegado por la belleza de su prometida a los peligros de un emparejamiento tan desigual. Una vez realizada la unión, los jóvenes amantes deberían haber tratado de separarse, o, al menos, haberse sincerado con Yorick para pedirle ayuda, ya que éste, como esposo de ella y padre adoptivo de él, podía y debía tomar cartas en el asunto (26). En el último acto, Edmundo complica aun más la situación al planear fugarse con

_____

(25) Véase un excelente resumen en el artículo de R.D.F. Pring-Mill, «Los calderonistas de habla inglesa y *La vida es sueño*», *Litterae Hispaniae et Lusitaniae*, ed. por Hans Flasche, Munich, 1969, pp. 369-413.

(26) Alicia está a punto de hacerlo, conmovida por la bondad de su marido, pero cuando éste pasa súbitamente de la dulzura a la ira al verla arrodillada, se desmaya, haciendo imposible la confesión (II, 6). Edmundo, por el contrario, desaprovecha todas las ocasiones de confidencia, y sobre todo en la escena 3 del acto II. Ambos deberían haberse sincerado con Yorick mucho antes, cuando éste todavía no sospechaba nada ni aquellos temían las insidias de Walton.

Alicia, a la que quiere librar de una venganza inminente que él mismo va a concitar con su atolondramiento. Yorick, que a pesar de su bondad alberga una adhesión ciega al bárbaro código del honor, está ya predispuesto a la venganza cuando hace suyas las palabras y los actos de la comedia que representa (27). La perfidia de Walton, por último, es tan evidente que no requiere comentario alguno.

En este torbellino de envidias, de suspicacias, de timideces culpables, el papel de Shakespeare es proteger a unos de otros, inculcarles su deber, arrojar luz, en una palabra, sobre la ceguedad moral de sus actores. Como único personaje que ve claramente en el interior de las conciencias ajenas, su función es pronosticar los efectos de tanta miseria y tratar de evitarlos o paliarlos. Su superioridad psicológica y ética aparece obvia desde el principio. Al comenzar la obra, Shakespeare se muestra benévolo con el autor novel y Yorick alaba su generosidad diciéndole que él, por su gran talento, es incapaz de envidiar. Entonces el dramaturgo le contesta: "Nunca le faltará que envidiar al que sea envidioso", anticipando así el móvil principal de la tragedia, el mal de Walton, "lepra del corazón" que le llevará a la perfidia taimada contra Yorick. Este diagnóstico no le impide ser compasivo con el malvado, a quien trata de disculpar por lo desdichado que fue en su juventud, y sobre el cual es capaz de ejercer por algún trecho fuerte ascendiente moral. Walton, que le ha prometido guardar secreto sobre los amores de Edmundo y Alicia, exclama: "Ejerce Shakespeare sobre mí tan rara influencia. ¡Me causa un pavor tan invencible!". Es el respeto que la nobleza inspira a la

---

(27) Me parece improbable que el dramaturgo que tan enfáticamente había condenado el duelo en *Lances de honor* aprobase aquí este crimen como «venganza justa». Sin duda, todo ello hay que verlo con color histórico (Shakespeare hace lo mismo con Walton), pero esto no implica que Tamayo le diese su asentimiento.

bajeza; pero Shakespeare no puede impedir que ésta siga su trabajo de zapa y, al verse desobedecido y engañado por el envidioso, lo persigue, lo desafía y lo mata: "La serpiente ha engañado al león. ¡Aplaste el león a la serpiente!".

Con Yorick, el bufón bondadoso que quiere hacer papeles trágicos, Shakespeare se muestra lleno de tacto y de condescendencia, para no herir su sencillez. Sabe que los amores de Alicia y Edmundo le pondrán en una situación irónicamente peligrosa si se empeña en hacer de Conde Octavio ("¡Jesús! Ponte en cura, Yorick, que estás enfermo de peligro", le advierte, sin que el otro lo entienda), pero consiente en darle ese papel por no ofenderle creyéndole sólo capaz de partes cómicas. A sus celos, fundados e ingenuos a la vez, Shakespeare opone una actitud de cariñosa ironía ("Desde que te has aficionado al género trágico, no se te puede tolerar"); cuando Yorick le cree amante de su esposa, a Shakespeare le basta lanzar una sincera carcajada para tranquilizarle y ganarse su confianza de nuevo, añadiendo compasivo: "Si eres desgraciado, ven aquí y llora sobre un pecho leal". Esta capacidad de humor nos lo hace un tanto olímpico, subraya su superioridad moral sobre los demás, sin quitarle humanidad. Pero Shakespeare, aunque clarividente, no es omnisciente; comete errores de juicio. Tal vez hace mal en ocultar la verdad a Yorick. No se imagina que éste pueda llegar a convertirse en una fiera celosa que mate a su propio hijo adoptivo, y por eso, sin duda, en vez de suspender la representación, corre en persecución de Walton para castigarlo. Cuando vuelve, la tragedia es irreparable. Tampoco es moralmente irreprochable: la indignación contra la astucia cobarde de Walton le lleva a darle muerte impulsivamente, y, cuando al final de la obra se dirige al público para pedirle que ruegue por los muertos y los matadores, no cabe duda que Shakespeare se incluye, tal vez arrepentido, entre los últimos.

Pero donde se muestra Shakespeare más fiel portavoz de las ideas morales de Tamayo es en sus relaciones con Alicia y Edmundo. Estos son jóvenes, inexpertos, y necesitan más que nadie su guía. Lo primero que hace al escuchar la confidencia de sus amores no es reprenderlos, sino abrazarlos. Nada de sermoneos ceñudos: para ayudar moralmente hay que compadecer. Ambos se confían en él: "nos protegeréis, nos defenderéis contra nosotros mismos", a lo que Shakespeare asiente: "Sí, yo os salvaré con la ayuda de Dios". Es el *hombre de bien* activo, el médico de almas, el sacerdote laico. Edmundo le llama "el hombre que mejor puede curar los males del alma, porque es el que los conoce mejor", expresando así la idea que Tamayo tenía de la misión ética del dramaturgo. Y Shakespeare comenta: "¡Mísera humanidad! Vuélvese en ti manantial de crímenes la noble empresa acometida sin esfuerzo bastante para llevarla a cabo. ¡Mísera humanidad! Retrocedes ante el obstáculo pequeño; saltas por encima del grande. Os amáis; es preciso que no os améis"; y, cuando el joven retruca que el amor le tiraniza: "Quien tal dice sabe que el alma es libre, como hija de Dios". Shakespeare les recomienda la separación, recalcándoles la responsabilidad en que incurren si no lo hacen: "Si de la culpa no fuerais responsables, ¿a qué temores, a qué lágrimas, a qué remordimientos? Huirás de Alicia para siempre". Ambos se muestran dispuestos al sacrificio, y el dramaturgo concluye para sí: "Si esta buena obra pudiera yo hacer, reiríame de Otelo y de Macbeth y de todas esas tonterías", ambigua frase que se puede interpretar de muchas formas, pero cuyo sentido me parece a mí es el siguiente: Shakespeare desmentirá a aquellos que ven en sus tragedias el determinismo de la pasión salvando a Edmundo y Alicia de un afecto culpable y disruptor. Paradójicamente, no llega a conseguirlo: *Un drama nuevo* termina de forma catastrófica, como *Otelo* o *Macbeth*, pero ello no arguye fatalismo, ni por parte del personaje Shakespeare ni por parte del autor Tamayo, pues creerlo así se contradiría con las profesiones de fe en el libre albedrío que uno y otro han hecho repetidas veces. Shakespeare, representante de la cordura moral de Tamayo dentro de la obra, muestra precisamente que el hombre, con toda su sabiduría del corazón humano, no puede hacer milagros; que hay ocasiones en que una sola persona, por clarividente y bienintencionada que sea, no puede evitar los desastres acarreados por las maldades y debilidades de otros. Lejos, pues, de justificar una conclusión determinista o fatalista, el papel de Shakespeare sirve precisamente para lo contrario: para recalcar la idea de la responsabilidad individual, para hacernos ver que cada uno de nuestros actos repercute de tal manera en la vida de los demás, que la concurrencia de varias acciones u omisiones malvadas o erróneas puede ocasionar una desgracia humanamente inevitable.

Si nos trasladamos ahora al plano literario, vemos que *Un drama nuevo* constituye un ejemplo casi perfecto de lo que Tamayo entendía por tragedia cristiana: acción que se desarrolla entre seres libres, pero de tal manera descarriados por sus pasiones o flaquezas que la acumulación de sus culpas conduce sin remisión a un final catastrófico. La misión del autor trágico es pintar "al vivo" la condición humana sin falsearla, precaviéndonos así contra los peligros a que nuestra ceguedad moral puede conducirnos. La inclusión de Shakespeare en esta obra, con la importante función que hemos examinado, nos autoriza a pensar que Tamayo creería, como Lista y Ernesto Rossi (28), en la ejemplaridad ética de sus tragedias,

---

(28) Lista (*Ob. cit.*, p. II, p. 63), escribe: «Shakespeare es, entre los poetas dramáticos, el primero que ha descrito al hombre

contra la opinión que ve en ellas una descripción puramente "naturalista" y amoral de la psique humana. Si acertaba o no en su interpretación del drama shakespeariano es cuestión que aquí no nos interesa. Digámoslo una vez más: el Shakespeare de *Un drama nuevo* es la personificación del concepto tamayino del dramaturgo ideal, en su doble misión de artista literario y consejero moral. Bien sabido es que Tamayo veía su época como una era de desenfreno y confusión ética: de ambición, de materialismo, de subversión social, de frenesí erótico. Una de las cosas que más le preocupaba era la relajación de los lazos familiares y de la fidelidad conyugal. En *Un drama nuevo* se plantea este tema desde el ángulo de una pasión extramarital ingenua y juvenil, pero que precisamente por serlo nos impresiona más en sus efectos destructores. Ese amor "inocente" de dos seres afectuosos y puros termina aniquilando un matrimonio y causando la muerte de un hijo por su padre adoptivo. Pero al autor dramático "no le toca moralizar doctrinando, sino conmoviendo". La lección había que darla en una envoltura romántica con el dinamismo pasional que el público de entonces esperaba. En la sociedad de su tiempo —nos dice Tamayo— "todo es agitación y vida, todo tiene proporciones colosales...; la sociedad es otro Prometeo, y el ansia de la novedad, buitre insaciable que le devora las entrañas. Y para conmover el alma y

como le concibe la civilización cristiana y monárquica, en lucha con sus pasiones... ha sido el primero que ha representado no al hombre de una pasión, sino el de la conciencia entera... El resultado moral de sus composiciones es siempre bueno: porque siempre resulta amable la virtud y aborrecible el vicio y el delito». Ernesto Rossi dio una conferencia en el Ateneo barcelonés donde, con fraseología tremendista, calificaba a Shakespeare de cirujano que «colocaba el dedo... ahí, donde las pasiones habían abierto una llaga; introducía después en ella su mano para curarla como médico sin piedad, y desgarrábala por dentro para extraer el pus canceroso y decir al enfermo: éste es tu mal, éste es tu bien, éstas son tus pasiones, tus virtudes son éstas, y estos son tus vicios» (cit. por A. Par, *S. en la lit. esp.*, II, p. 40).

fijar la atención de un auditorio del siglo XIX, ¿no será preciso retratar su vida, su agitación, su manera de ser, ese indefinible conjunto de miseria y grandeza, en todo poema que aspire a obtener su aprobación en el teatro?" (p. 252).

Así no es extraño que Shakespeare, el autor que el romanticismo había redescubierto y consagrado, le sirviese de pauta y de personaje. Pero Tamayo se lo apropia. Sin dejar de ser el dramaturgo de las pasiones avasalladoras, es decir, el Shakespeare de todo el mundo, es aun más el mentor moral de sus semejantes: el Shakespeare de Tamayo.

III: LA LITERATURA INGLESA
BAJO TRES SIMBOLOS UNAMUNIANOS:
EL HOMBRE, LA NIEBLA Y EL HUMOR

Buen conocedor de la literatura de lengua inglesa, Unamuno se sirve de ella de la misma manera en que se servía de casi todas sus lecturas, es decir, adaptándola a sus propios esquemas más o menos forzadamente, sin que ello excluya el que, a su vez, lo que leía por congenialidad o atracción instintiva contribuyese de modo decisivo a la formación de su pensamiento. Además de la curiosa atemporalidad con que juzga Unamuno toda la literatura, no sólo la inglesa, y según la cual (como me sugirió una vez el profesor Clavería), rara vez ve las obras literarias encuadradas en una época o en un punto determinado de una evolución artística, nuestro escritor enfocaba las letras inglesas a través de cristales fuertemente coloreados por sus más queridas concepciones y la ponía, como si dijéramos, bajo tres rótulos perfectamente congruentes con su propia economía expresiva: el hombre, la niebla y el humor. De cómo adaptaba Unamuno estos tres símbolos a la literatura inglesa, que tanto admiraba, nos ocupamos en las páginas que siguen, aún a riesgo de simplificar un poco demasiado el tema. Creemos que ello contribuirá a mostrar que su anglofilia no tenía nada de caprichosa, sino que surgía casi espontáneamente de su idiosincrasia mental y sentimental.

Conocido es el valor primordial que para Unamuno tenía el concepto de "hombre", de "hombre de carne y hueso", como él gustaba de repetir, o sea, del hombre concreto y temporal, con un destino terrestre y ultraterrestre, individual, y con pasiones, afectos y problemas personales. Apenas nos habla de sistemas filosóficos, sino del "hombre Kant", del "hombre Spinoza", del "hombre que se llamó José Butler" (*E*, I, 717, 719) (1), invirtiendo los términos tradicionales, es decir, no viendo al hombre categórico como lo explica la filosofía, sino explicando ésta en términos de los hombres concretos que la producen. Su novela, como apunta muy bien Julián Marías (2), es apenas otra cosa que metodología, camino para el conocimiento metafísico del hombre y su existencia. A contrapelo de la tendencia del arte moderno que Ortega calificó de "deshumanización", Unamuno vuelve por los fueros de la "humanización" en todo, en arte como en filosofía o en religión. Y a la luz de este absorbente interés no se nos puede escapar por qué juzgaba a la literatura inglesa "la más rica de las literaturas todas, la que mayor variedad de tonos y acentos nos ofrece, y sobre todo, aquella en que encontramos más hombres que han escrito y menos literatos de profesión", "...más que las otras, una literatura de aficionados y no de profesionales. Hay en ella menos de esos que piensan o sienten para escribir y más de los que han escrito porque pensaron o sintieron" (*D*, III, 124). Esta preferencia por los literatos "aficionados", reverso de su hostilidad hacia los literatos "puros", es decir, hacia los que ven la vida a través de la literatura y

---

(1) Para las obras de Unamuno usamos las abreviaturas siguientes: *C* = Cartas a Jiménez Ilundain, contenidas en P. Hernán Benítez, *El drama religioso de U.*, (Buenos Aires, 1949); *D* = *De esto y de aquello* (Buenos Aires, 1950-1954); *E* = *Ensayos*, Aguilar (Madrid, 1945); *L* = *El espejo de la muerte*, Austral (Buenos Aires, 1947); *P* = *Cancionero. Diario poético* (Buenos Aires, 1953).
(2) *Miguel de Unamuno* (Madrid, 1943), 73.

no viceversa, explica su gusto por algunos escritores que pudiéramos llamar marginales, al borde de los géneros literarios consagrados, y muy poco conocidos en España, como Cobbett o Izaac Walton, a los que dedica dos entusiastas artículos (*D*, III, 124 y *E*, I, 579). Las *Rural Rides* del primero, uno de sus libros favoritos, son para él "piedra de toque del hombre de letras que no es un mero hombre de letras, sino también hombre" (3).

A lo mismo responde su interés por las abundantes biografías, epistolarios y memorias en lengua inglesa, y de cuya escasez en castellano se lamenta: "Parece, en efecto, a juzgar por su literatura, que no hay país alguno en que el hombre concreto, real, individual, el anecdótico, no el categórico, interese más que en Inglaterra... ¿Dónde hay, v. gr., epistolarios como las colecciones de cartas de Guillermo Cowper, el pobre poeta loco, o las de Robert Louis Stevenson?" (*D*, III, 105). Al tiempo que lee poesía romántica, Trelawny la permite con sus *Recollections of Shelley and Byron* curiosear por entre bastidores la verdadera cadura íntima de los poetas, sin la cual no se quedaría contento Don Miguel (*D*, III, 124), y, aunque el Dr. Johnson no sea de su devoción, la biografía de Boswell le encanta, porque su autor —"perro humano" del gran lexicógrafo— "tenía amor al prójimo, admiración y cariño al hombre concreto", según las palabras de Carlyle (*D*, III, 104). Saliendo del campo estrictamente literario, la historiografía inglesa —Carlyle, Green, Gibbon, Macaulay— le parece tan amena como las novelas históricas de Walter Scott, y más interesante que éstas, porque es historia con alma, no meramente erudita, y trata de hombres que existieron de verdad (*E*, II, 1183).

Pero también cuando no leía historia más o menos personal, sino obras de creación imaginativa, Una-

---

(3) Conversación citada por Salvador de Madariaga, *Semblanzas literarias contemporáneas* (Barcelona, 1924), 131.

muno perseguía siempre en ellas al hombre —o la mujer— que las escribieron. Los sonetos de Elizabeth Barrett Browning, por ejemplo, le admiran porque "son una de las obras poéticas más llenas de calor humano y de encendida pasión" que existen (*E*, II, 685), e idéntico es el signo de su interés por los poetas románticos y victorianos que tan a menudo cita y parafrasea. Aun desconociendo muchos de los documentos íntimos más reveladores del alma de sus poetas predilectos (que no se habían publicado en su tiempo), Unamuno leía entre las líneas de sus versos que casi ninguno de ellos había permanecido ajeno a la inquietud del más allá, y que esta angustia religiosa tenía muchas veces un tono muy parecido al de la sentida por él mismo (4). Profundamente humanos, y, como hombres de su tiempo, desasosegadamente religiosos, los poetas ingleses del siglo XIX tenían que cautivar a su en cierto modo gemelo espíritu español, y por eso éste recoge y utiliza a cada momento frases suyas, que a veces llegan a convertirse en tópicos unamunianos, incorporados a su sentir.

Recordemos que Unamuno inicia en las letras españolas una tendencia a la literatura "confesional", como la llama Juan Marichal (5), y que esto constituye quizás el mayor ingrediente de su originalidad. Tal vocación de "derramarse", de "desahogo lírico" —como titula uno de sus artículos—, no se había dado antes en la literatura peninsular, y aunque el primer modelo a seguir le viene sugerido sin duda

---

(4) Como muestra un cotejo con los abundantes materiales sobre la religiosidad romántica aportados por H. N. Fairchild, *Religious Trends in English Poetry* (New York, 1949), vol. III, «The Romantic Faith». Que sepamos, este tema no ha sido aún tratado a fondo, aunque M. García Blanco ha apuntado a él en «El entusiasmo de U. por algunos líricos ingleses», *Atlante*, I-II (1954), 144-148; y en su libro *Don M. de U. y sus poesías* (Salamanca, 1954), passim.

(5) Cfr. «La originalidad de U. y la literatura de confesión», en *La voluntad de estilo* (Barcelona, 1957), 233.

por la gran literatura de confesión europea —los ensayos de Montaigne, *Confesiones* de Rousseau, diario de Amiel, *Obermann* de Sénancour, etc.—, no creemos haya que excluir la inspiración de las letras inglesas, donde para Unamuno se muestra el hombre siempre abierto al lector, sin ocultarse apenas tras la hojarasca del estilo. Precisamente en un comentario a los *Note-Books* de Samuel Butler, se adhiere Unamuno calurosamente a los ataques de éste contra el estilismo y su defensa de la espontaneidad, añadiendo que al leer al autor de *Erewhon*, vio tal coincidencia con sus propias ideas, que casi creyó que aquello lo había escrito él (*D*, IV, 197). Hay un hecho, además, que quizás venga a reforzar la suposición de que nuestro escritor siguió más de cerca la pauta inglesa que el modelo de los grandes "interiorizadores" centroeuropeos, y es que Unamuno abandonó pronto el monólogo de su diario íntimo por el diálogo de sus ensayos y cartas, de toda su obra, en realidad, a la que él llamaba su "diario extimo". ¿Por qué?, se pregunta Marichal (*Ob. cit.*, 230). Tal vez la respuesta esté en lo que él mismo escribe a un literato joven: que "los diarios íntimos son los enemigos de la verdadera intimidad" y "la matan", pues "más de uno que se ha dado a llevar su diario íntimo empezó apuntando en él lo que sentía y acabó sintiendo para apuntarlo" (*E*, II, 475), sentencia que trae enseguida a la memoria la ya citada de que en las letras inglesas hay menos escritores "de esos que piensan o sienten para escribir y más de los que han escrito porque pensaron o sintieron". En todo caso, al rechazar el dario, tan prestigioso en la Europa decimonónica, como medio de "confesión", y preferir el ensayo y la carta —en que tan prolífico fue—, ¿no pudo Unamuno tener presente la rica tradición ensayística y epistolar inglesa, desde Addison a Stevenson, y que sin dejar de ser nunca "humana"

tampoco llegó a la morbosa introspección esteriliza-
dora tan temida por Don Miguel?

* * *

Mas esta pregunta, por ahora, tiene que quedar
incontestada. Nuestro próximo objetivo es indicar
cómo la idea unamunesca de la literatura como revelación del hombre está estrechamente ligada a
otro de sus símbolos favoritos, el de la "niebla",
"nimbo", "halo" o "penumbra", ya estudiado de modo magistral por Juan Marichal también (6). Unamuno, en efecto, se lamenta con insistencia, sobre
todo en *En torno al casticismo*, de que la mentalidad
castiza española tenga por ideal la cacareada "claridad" de concepto, lo que según él trae una secuela
de graves defectos, como el dogmatismo, la "ideo-
cracia", la agresividad estéril, la insociabilidad, las
ideas "esquinadas" o "picudas", que decía Ganivet,
etc. Su propio ideal humano y expresivo le lleva a
condenar todo esto, pues él tiende, por el contrario,
a la efusión íntegra de su humanidad, y el hombre
no es un mero sistema de ideas o conceptos, sino un
complicado organismo en que las operaciones psicológicas se enmarañan y entrelazan constantemente,
formando "nimbos" o "nebulosas" de ideas y sentimientos inextricables (*E*, I, 69, 71 y 72), según había
enseñado William James (Cfr. J. Marichal, *Ob. cit.*,
223). Los conceptos desnudos, escuetos, se deshuma-
nizan, pierden significado humano, necesitan el "nimbo o atmósfera ideal, que es lo que (les) da carne
y vida, lo que los mantiene en conexión" (*E*, I, 73),
es decir, necesitan el matiz, la suave transición, mientras que la castiza claridad, "al matar lo indetermi-
nado, lo penumbroso, lo vago, lo informe, mata la
vida" (*E*, I, 411). La misma lengua refleja lo duro e in-

---

(6) Cfr. «La voluntad de estilo de U. y su interpretación de
España», en *Ob. cit.*, 217-232.

humano de la mentalidad castellana: "Muy claro nuestro rancio romance... pero también muy dogmático... apenas se puede decir nada en él sin convertirlo en dogma al punto; rechaza toda 'nuance'" (*E*, I, 412).

Aún mejor se revela esto en la literatura castellana, para ilustrar lo cual Unamuno opone, de forma un tanto simplista, el teatro de Calderón al de Shakespeare (*E*, I, 76-79). El primero ha producido caracteres recortados y duros, con "una psicología de primer grado" (en palabras de Amiel), y, desde luego, sin "el rico proceso psicológico de un Hamlet o un Macbeth". "Como las buriladas representaciones calderonianas no rompían su caparazón duro, fue el poeta, no viéndolas en su nimbo, a buscarles alma al reino de los conceptos obtenidos por vía de remoción excluyente, a un idealismo disociativo, y no al fondo del mar lleno de vida, sino a un cielo frío y pétreo". Por eso las ideas de Calderón son "altas", mientras que las de Shakespeare son "profundas". La literatura castellana en general, tan extremista, se ha debatido siempre entre el realismo más crudo y el idealismo más descabellado, también porque su impotencia para asociar y matizar le ha llevado a los hechos "tomados en bruto" o a los conceptos "abstractos". Y la misma incapacidad ha tenido la culpa de que los españoles malentendiesen la propia historia, disociándola entre las "dos Españas", sin comprender la verdadera "intrahistoria" del pueblo, que no es sino el "nimbo colectivo" donde se funden las acciones de todos (*E*, I, 140).

El utilizar la niebla como símbolo de una actitud anticonceptista y, en definitiva, desaforadamente subjetiva, no parece privativo de Unamuno, sino que se da también en otros miembros de su generación. Ramiro de Maeztu, por ejemplo, expresa una idea muy parecida a la de Unamuno cuando escribe que "nuestras palabras son demasiado concretas. Yo preferi-

ría, si eso fuera posible, dejarlas bañándose algún
tiempo en un poco de niebla hasta ver si les brotaba
algo de ese musgo, de esa musicalidad inefable con
que, en tierras del Norte, por hablar más a los sentimientos de los hombres, parecen impulsarles a la
acción" (7). Baroja explaya a menudo su preferencia
de la sentimentalidad y espiritualidad nórdicas, nebulosas, irracionales, sobre el "dogmatismo latino",
y Azorín dice en cierta ocasión (8) que, acostumbra-
do a sus clásicos, a la línea, a lo preciso, descubre
en un libro de su amigo vasco (*Vidas sombrías*) un
mundo nuevo, el de lo nebuloso, el de lo impreciso.
Más tarde, Ortega Gasset analizaría la creencia en
la "claridad latina" para ponerla en solfa (9).

La niebla, en términos generales, es un símbolo
deliberadamente vago de lo nórdico como opuesto
a lo grecolatino, contra cuya herencia, perpetuada en
España por la escolástica, reaccionan más o menos
violentamente los hombre del 98. Sus filósofos predilectos son Kant, Schopenhauer, Nietzsche o Kierkegaard, todos nórdicos. La escolástica, intento de
racionalización de la creencia, es para ellos "la engañosa diafanidad latina", a la que Unamuno prefiere
con mucho las "nebulosidades" de la filosofía alema-
na, menos clara pero más profunda que la mediterránea (*C*, 296). A los autores nórdicos se adjudica,
además, el don de la verdadera imaginación creadora, la que, según Unamuno, "se apacienta en los nimbos de los hechos, nimbos que el castizo espíritu castellano repele", por ser la de éste meramente repro-
ductiva, rutinaria, verbalista (*E*, I, 80), mientras que
los ingleses, científicos, emprendedores, descubrido-
res (que para todo ello se necesita imaginación), han

(7) Cit. por V. Marrero, *Maeztu* (Madrid, 1955), 271.
(8) Prólogo a Pío Baroja, *Obras Completas*, Biblioteca Nueva
(Madrid, 1946-1949), I, XII.
(9) Cfr. «Cultura mediterránea», en *Obras Completas*, Revista
de Occidente (Madrid, 1950-1952), I, 340-344.

producido además una "poesía lírica verdaderamente poética, más exquisita, más imaginativa" que ninguna otra (*E*, II, 1046). O la "imaginación intelectual y sentimental de los gorilas sublimes a lo Dickens" que Baroja antepone con fraseología pintoresca a la meridional, la de "los chimpancés excelsos a lo Lucano y a lo Góngora" (*Obras Completas*, II, 834). La imaginación nórdica, en suma, nace de lo más hondo del hombre, y tiene todos los contrastes, las dudas, las paradojas, todo lo irracional del espíritu humano. No es la luz mediterránea, agria, dogmática, que recorta y simplifica, pero que engaña, porque da sólo lo superficial, lo aparente. Es la niebla, la niebla que vela, que matiza, que cambia, que agiganta o esfuma las cosas, no ocultándolas, sino envolviéndolas en el espíritu humano que se proyecta sobre ellas. La niebla es lo subjetivo y lo profundo, es el hombre, la suprema realidad.

* * *

Otra de las manifestaciones de una humanidad plena, rica y matizada, es el humorismo. Más de una vez reprocha Unamuno a sus conciudadanos su incapacidad para el humor, cosa que para él revela pobreza de registros psicológicos, una cierta chatez y falta de imaginación (*E*, I, 480). Al mismo tiempo, otros varios escritores de la época parecen descubrir simpáticamente el "humour" británico, en el que encuentran una riqueza de tonos y una profundidad que no les da la seca ingeniosidad conceptista, a la española. "La gracia latina casi no es gracia", comenta un personaje de Baroja que admira a los "clowns" ingleses y lee con entusiasmo a Dickens (*OC*, VIII, 334). A fines de siglo, Carlyle goza de una pasajera pero intensa boga entre los noventaiochistas, que le consideran modelo de humoristas (10), y Swift y

---

(10) No hay un estudio del carlylismo en la España de esa época, aunque A. C. Taylor, *Carlyle et la pensée latine* (París,

Sterne también son citados a menudo por ellos con admiración. En la ideología del 98, el humorismo es sin duda una de las características más valiosas del espíritu nórdico.

Parece justificado pensar que Unamuno experimentó también, y quizá en mayor grado que sus contemporáneos, la fascinación del humorismo británico, y que incluso se lo propuso de algún modo como modelo a seguir. La historia del doctor Montarco, la construcción de *Amor y pedagogía* y de *Niebla* tienden vagamente a una forma de humorismo que se puede llamar británico en términos generales y, más concretamente, carlyleano, como ha mostrado Carlos Clavería en uno de sus *Temas de Unamuno* (Madrid, 1953). Su insistente defensa de la paradoja, por otra parte, da siempre la impresión de estar implícitamente respaldada por la autoridad de "paradojistas" bien conocidos, como Swift o el mismo Carlyle, y, más modernamente, G. Bernard Shaw. No sé si se podrá decir, con M. Romera-Navarro (11), que "por su original estructura, constantes y febriles digresiones, burlesca filosofía, e inesperadas salidas, *Niebla* se parece notablemente, aunque más ligera, más amena, más moderna, al *Tristam Shandy*... de Sterne", pero tal vez este parecido con un género de humor ya prestigioso en Europa explique el éxito foráneo de tal novela, de la que se hicieron más traducciones que de ninguna otra obra unamunesca. Una cosa, sin embargo, queda fuera de duda si se leen los dos prólogos que Unamuno, para justificar la rareza de su obra ante sus lectores españoles, se sintió obligado a poner a esta novela, y es que el autor,

---

1937), 296-297, 320-323, se ocupa del conocimiento de Carlyle entre Castelar, Valera, Menéndez Pelayo y Leopoldo Alas, así como de su posible influencia sobre Unamuno, que luego Clavería ha estudiado a fondo. De entre los más jóvenes, Maeztu, Salaverría, Baroja y Azorín leyeron y escribieron del historiador escocés, aunque aquí me es imposible aducir citas para probarlo.

(11) *Miguel de Unamuno* (Madrid, 1928), 91.

consciente y deliberadamente esta vez, se decidió a tomar la senda de un exótico humorismo, aún a riesgo de que su público no le comprendiese del todo.

Ahora bien, la dificultad mayor de este tema está en que Unamuno no tenía ideas muy concretas sobre el humorismo que tanto le tentaba. "El chiste de la paradoja, como el del humorismo —escribe una vez—, estriba en que apenas hay quien hable de ellos y sepa lo que son" (*L*, 160), y su artículo más explícito a este respecto, "Malhumorismo", comienza reconociendo la dificultad de distinguir con fundamento entre "lo cómico, lo irónico, lo satírico, lo sarcástico y lo humorístico" (*E*, II, 593). Pero la dificultad aumenta cuando vemos que, además de la imposibilidad de definir el humor en sí, la actitud del mismo Unamuno frente a él oscila marcadamente. En un artículo de 1903 ("La selección de los Fulánez") se queja de que el humor del "genial e intuitivo" Carlyle no sea comprendido en España, "donde se toma por 'humour', ya la ironía, ya la sorna, ya cierta sátira, o socarrona o redomada", mostrando una clara preferencia por el primero (*E*, I, 480). Más adelante, en 1912 ("Malhumorismo", *E*, II, 593-601), cuando lanza su fantástica hipótesis fisiologista sobre el humor, la oposición entre "humour" inglés y sorna o sátira española se ha debilitado considerablemente. Ahora lo importante para él es distinguir entre la ironía —cualidad en que sobresalieron los griegos, los franceses y tal vez los andaluces, pero no los castellanos— y la sátira, parecida en Castilla y en Inglaterra. La primera, cifrada en la frase archisabida de "tout comprendre c'est tout pardonner", es cosa de hombres inteligentes, pero sin pasiones, "de corazón blando". La sátira, en cambio, en la que se ha destacado un español tan castizo como Quevedo, es cosa de hombres apasionados, creyentes e intolerantes, y se asemeja, aunque no sea idéntica, al "malhumorismo" de Carlyle y de Swift. Este tipo de sátira malhumorada es también el que se le da mejor al propio Unamuno, sobre todo cuando se le "exacerban las aprensiones por el estado de (su) salud". Pero no para ahí la cosa, pues años después, en 1929, vuelve a su primitiva diferenciación entre humor y sorna, y esta vez pronunciándose por la segunda: "Nada de espíritu, agudeza;/ nada de 'humour', sino sorna;/ mi España eterna, retorna,/ dame a la lengua fijeza... (*P*, poema 627).

Esta trayectoria, aunque confusa, nos parece bastante significativa, pues reproduce la evolución que Unamuno sufrió con el tiempo en otros aspectos de su iedología, desde su relativo "europeísmo" juvenil al recrudecimiento españolista de su vejez, hasta el punto de pedir a su lengua "fijeza", es decir, lo exactamente opuesto a la "nebulosidad" de sus años mozos. Ahora bien, aunque tengamos que restringir el humorismo unamunesco a una etapa juvenil más o menos larga, creemos merece la pena preguntarse cómo entendía Unamuno el humor "par excellence", al menos en ese período de virulencia humorística. De las vacilantes opiniones suyas que acabamos de citar, al menos se deducen dos cosas: a) que Unamuno concibe el humorismo británico casi como un bloque de características uniformes, sin apenas variedad ninguna, y que los dos únicos humoristas que cita con reiteración significativa son Swift y Carlyle, más éste que aquél; b) que apenas distingue entre sátira y humor, tendiendo en cambio a reunir ambos conceptos en uno, "malhumorismo", sin admitir apenas que en Inglaterra pueda haber unos escritores predominantemente satíricos y otros preferentemente humoristas, o algo de lo uno y lo otro en un mismo autor. La distinción entre sátira y humor (tal como la hace, por ejemplo, Ronald Knox en el prólogo a sus *Essays in Satire*) no ha sido aún fijada críticamente, que sepamos, y por tanto no se puede ser dogmático a ese respecto, pero creemos que esa curiosa visión unitaria que Unamuno tuvo del humor inglés tiene relación con su propio fracaso como humorista, en el sentido más generalmente aceptado del término. El profesor Trend ya notó hace tiempo en las obras de nuestro gran vasco, que tanto alardeaba de humorista, "a total lack of humour" (12), y no nos parece aventurado afirmar que la mayoría de los lectores apenas habrán encontrado en Unamuno una página de gracia desenfadada y espontánea. Sus paradojas y malabarismos mentales son sin duda ingeniosos y penetrantes, pero rara vez nos producen una risa franca. Su sátira, magnífica de intención y fuerza expresiva, es demasiado seria, "too earnest", diríamos en inglés, para hacernos sonreir.

Ahora, esto no resulta tan extraño si tenemos en cuenta que Unamuno consideraba como maestro de humoristas, de entre tantos como ha habido en Gran Bretaña e Irlanda, a Thomas Carlyle, cuyos "guiñolismos" en *The French Revolution* o cuyas abstrusas filosofías del vestido en *Sartor Resartus* no nos producen hoy la más ligera hilaridad. Unamuno entendía el humor de una manera más o menos fielmente carlyleana, como un vehículo de su pensamiento contradictorio y paradójico, como un medio intencionado de expresión, resultado de su "voluntad de estilo", que diría Marichal. Y el humor, tal como lo concebimos hoy, repele la idea de servicio o instrumento. O es espontáneo, o no es humor.

El contraste con Baroja, para quien, en cambio, era Dickens el humorista máximo, ilustrará aún más nuestra idea. Tanto Unamuno como Baroja se sintieron atraídos por el humorismo inglés, pero interpretando éste de maneras diametralmente opuestas. La "cumbre" del humorismo está para Baroja en Dic-

(12) J. B. Trend, *Alfonso the Sage and Other Essays* (Boston & New York, 1926), 84.

kens, "autor que ríe y llora como un clown sublime" (*OC*, VII, 1080) y que, siendo profundamente sensible, tiene momentos de jovialidad explosiva, jocunda, incontenible. El humor en él es una defensa fisiológica, instintiva, contra la tristeza, pero no una elaboración intelectual de ésta, no un "malhumorismo" unamunesco. Y Baroja, que a pesar de su pesimismo tiene también momentos de expansión desenfadadísima, detecta y valora en él esa calidad natural, espontánea, de su jovialidad. Laín Entralgo ha apuntado con acierto a ese contraste de actitudes entre los dos vascos: "'Los españoles no podemos ser frívolos ni joviales', exclama Baroja, no exento de amargura. Y Unamuno, triste, grave y orgulloso de serlo, le replica que 'nuestra verdadera gloria es eso de no poder ser frívolos ni joviales'" (13). Lo curioso es que Unamuno lleva su seriedad incluso al humorismo, haciéndolo trascendente, didáctico, con un fin fuera de él. Casi podría haber dicho de sí mismo lo que dice una vez de su maestro don Lázaro Bardón y del poeta Walt Whitman: "...que estos hombres, aunque no faltos de un cierto dulce y humano humorismo, son serios, fundamentalmente serios. Lo toman todo en serio, hasta la broma misma, y si saben jugar es seriamente" (*E*, II, 1179). Y aún más curioso es que su misma seriedad sólo le dejase percibir en el humorismo anglosajón esa única nota grave.

* * *

Se puede decir, pues, que estos tres símbolos unamunescos (hombre, niebla, humor), íntimamente engarzados entre sí, constituyen como las tres caras del prisma a través del cual vio nuestro autor las letras inglesas. El tema merecería sin duda un estu-

---

(13) P. Laín Entralgo, *La Generación del 98*, Austral (Buenos Aires, 1947), 197.

dio más extenso, que no podemos hacer aquí, pero esperamos al menos haber sugerido la idea de que ese prisma no era otra cosa que el propio ojo de Unamuno, o sea, el instrumento de su visión normal de la vida. Su anglicismo es un corolario de su "unamunismo", de su idiosincracia, y está regido por los mismos esquemas mentales que su personalidad proyectaba sobre todo.

3

IV: *UNAMUNO Y LA "DUDA SINCERA"*

En la predilección de Unamuno por ciertos poetas ingleses no hubo sólo interés por un tipo formal de poesía adecuado a sus propias necesidades (1), sino algo más hondo, es decir, una cierta comunidad de pensamiento y de sentir. Casi todos los críticos de Unamuno coinciden en afirmar que éste prefería a los poetas de mayor espíritu religioso, pero aquí surge un pequeño problema. De los poetas ingleses de la última parte del siglo XVIII y casi todo el XIX, los más importantes de los cuales eran leídos y gustados por Unamuno, ¿cuáles carecen de espíritu religioso? Se suele citar, como ejemplos de poetas con hondas preocupaciones religiosas, a Wordsworth, a Cowper y a Browning, pero ¿es que no se podría citar con igual justicia a Blake, a Coleridge, al "satánico" Byron, incluso al mismo apologeta del ateísmo, a Shelley? Apartando a Cowper, sin duda el más creyente de todos, de los demás no se puede decir que tuviesen fe religiosa ni perteneciesen a confesión determinada. Y sin embargo, son hombres con pro-

(1) Que Unamuno tendía a un tipo de «poesía filosófica o filosofía poética» al estilo de los «musings» de poetas como Wordsworth o Coleridge, me parece está fuera de duda, según el mismo Unamuno testimonia en sus cartas y en un dístico de su *Cancionero-Diario poético* (poema 105): «Casar a Shakespeare con Cervantes quiero,/ y a Browning con Quevedo». Cfr. M. García Blanco, «El entusiasmo de Unamuno por algunos líricos ingleses», en *Atlante*, I-II, 1954, 144-48; el mismo, *Don M. de U. y sus poesías*, Salamanca, 1954, passim y «Poetas ingleses en la obra de Unamuno: I», en *Bulletin of Hispanic Studies*, XXXVI, 1959, 88-106.

blemas y anhelos espirituales, hombres con ansias de inmortalidad y nostalgia de fe, hombres íntimamente religiosos... con una religiosidad muy parecida a la de Unamuno. Esto es lo interesante para nosotros, que los motivos para llamar o dejar de llamar poeta religioso a Unamuno son los mismos según los cuales se puede considerar o no considerar poetas religiosos a Burns, a Blake, a Wordsworth, a Byron, a tantos otros; con las naturales salvedades, claro está. Uno y otros carecen de credo definido, uno y otros se apartaron de la confesión en que nacieron, uno y otros sentían la misma acuciante angustia por la supervivencia a la muerte corporal.

De sobra se ha insistido en que la religiosidad de Unamuno parece más de corte protestante que de corte católico, pero es lógico que, de haber nacido en Inglaterra, por ejemplo, Unamuno habría sido tan heterodoxo y tan rebelde a toda dogmática como lo fue en España. Nuestro escritor, como muchos de sus poetas ingleses tan citados y comentados, estaba herido profundamente por la duda, se debatía de lleno entre el escepticismo de su razón y su tenaz voluntad de creer, estaba cogido en la tenaza religión-ciencia como muchos hombres de su época y de épocas anteriores: como Browning entre Spencer y la Biblia o Burns entre Godwin y la Iglesia de Escocia.

El verdadero sentido, a mi parecer, de la acusación de protestantismo que se ha hecho a Unamuno es bien claro: éste parece más un heterodoxo "procedente" del protestantismo que un heterodoxo de educación católica. Estos suelen derivar a un completo descreimiento y a un escepticismo satisfecho tipo Montaigne o Voltaire, mientras que los otros retienen un fondo de angustia religiosa cuya máxima expresión se encuentra en Kierkegaard o, ya muy secularizada, en Browning. Y no cabe duda de que el "talante" religioso de Unamuno, como ha dicho muy bien Aranguren (2), es más de este último tipo.

Pero volvamos a nuestro tema. Hemos dicho que Unamuno exhibía un amplio conocimiento y complacencia en poetas ingleses que podemos clasificar en tres grupos: prerrománticos como Gray, Burns o Blake; plenamente románticos (Wordsworth, Coleridge, Byron, Shelley y Keats) y postrrománticos del período victoriano (Tennyson y Browning). A cada momento cita versos suyos, los parafrasea y los esgrime en discusiones filosófico-religiosas. Muchas veces es difícil seguir el rastro de las ideas expresadas por Unamuno en los autores citados. Unamuno, en realidad, casi nunca sigue el pensamiento de éstos, sino que desgaja frases de sus contextos para adaptarlas a su propio discurso. Pero se ve, no obstante, que todo queda dentro de un mismo clima espiritual, y no se puede decir que tales citas sean forzadas. Entre unos poetas y otros median, como es lógico, grandes diferencias, lo mismo que entre cada uno de ellos y Unamuno, mas se puede decir que una misma y sutil atmósfera religiosa los envuelve a todos.

¿Cuál es, en líneas generales, la religión de los románticos ingleses? Todos ellos se caracterizan por algo que podríamos llamar un nuevo humanismo, una fe inconmensurable en las fuerzas humanas y en el concreto "yo" de cada uno. (Luego veremos que esta misma característica, agudizada y exacerbada por el espíritu de la época, la época del conflicto entre ciencia y religión, se prolonga a los escritores victorianos). Su religión es una religión centrada en el "yo". Dios no es para ellos una entidad existente, no es nada fuera del hombre e indepen-

(2) V. José Luis Aranguren, «El talante religioso de M. de U.», en *Arbor*, XI, 1948, 485-505. El capítulo dedicado a Unamuno en su libro *Catolicismo y protestantismo como formas de existencia*, Madrid, 1952, no parece añadir nada esencial al artículo anterior.

diente de él, sino, por el contrario, una prolongación y una creación del espíritu humano (3). Todo esto tiene graves consecuencias éticas: las pasiones son sagradas, porque brotan de la sagrada fuente del yo. Toda la religión romántica es un portentoso esfuerzo de autodivinización. Perdida la fe en la revelación externa, los poetas románticos se aferran a lo que creen una revelación interna y concreta en cada uno de ellos, una revelación subjetiva. Dios y el propio "yo" son una misma cosa. Pero cada uno de estos poetas, al final de este esfuerzo gigantesco de fe en sí mismos, sienten un amago de derrumbamiento, de fracaso. Esta curva de experiencia personal, primero ascendente, de optimismo creador, luego descendente, de escepticismo, fracaso y angustia, es la misma en todos ellos. ¿Y no es también, en mucha parte, la curva religiosa de Unamuno?

H. N. Fairchild, al comienzo de su análisis de la religión romántica (4), hace la siguiente luminosa reflexión: "No deja de ser bastante falaz dar el mismo nombre de religión a la que predica la insuficiencia humana y ofrece la redención a cambio de la humildad y renuncia de sí mismo, y a la que proclama la suficiencia del hombre, negando la necesidad de la redención y brindándole la expansión ilimitada del "yo" al único precio de que se someta a afirmar su propia bondad como parte de un universo bueno". Fairchild muestra a renglón seguido cómo la antigua fe puritana fue evolucionando insensiblemente hacia esta religión humanista autosuficiente; cómo la Revelación ha sido sustituida, al amparo del materialismo de Godwin y de todo el creciente optimismo científico de la época, por la voz de la Naturaleza,

(3) Primera coincidencia con Unamuno: «Dios es... el Alma del Universo, o dicho en crudo, el yo, el individuo personal, eternizado e infinitizado» (*Visiones y comentarios*, Col. Austral, 1949, 72).
(4) H. N. Fairchild, *Religious Trends in English Poery*, 3 vols., New York, 1949; Vol. III, «The Romantic Faith», capítulo I.

espejo perfecto de Dios. La rígida doctrina de la predestinación cede el paso a una creciente confianza en la bondad natural del hombre, y de ahí brota la fe romántica, que ya no es fe en un Ser trascendente, sino en el mismo hombre, revelación y creador de ese Dios al mismo tiempo.

La religión "de avanzada" victoriana, hija de ésta, es menos arrogante y quizás más patética. La confianza ilimitada en el "yo" y su fuerza expansiva se ha debilitado. Todos los románticos, uno a uno, habían acabado en un reconocimiento de su fracaso. Unos, como Wordsworth, adoptaron una posición de tibia ortodoxia, de vuelta desganada al redil. Otros, como Byron o Shelley, terminaron en un escepticismo total, sacudido de vez en cuando por imposibles ansias de fe. Los poetas que les siguen, los victorianos, carecen de la ingenua fuerza de sus predecesores: el idealismo de éstos está en baja; comienza a surgir el positivismo científico. Sin embargo, les queda un reducto de salvación, la misma vieja fe en el "yo". No, esta vez, en la ilimitada fuerza de expansión del yo, pero al menos en su supervivencia, en su indestructibilidad. Veamos cómo caracteriza un cultísimo e inteligente "divine", el Rev. W. R. Inge, la actitud religiosa de los más destacados victorianos:

> Entre las clases cultas surgió una actitud ante la religión que podemos llamar típicamente victoriana. Carlyle fue siempre un puritano, sin otras creencias dogmáticas que una especie de moralismo panteísta. Ruskin fue un protestante medievalista, que admiraba todo en una catedral gótica excepto el altar. Tennyson y Browning no tenían inconveniente en despachar la mayoría de los dogmas, pero agarrándose apasionadamente a la creencia en la sobrevida personal. Los conocidos versos de Tennyson, 'Hay más fe en la duda sincera, créeme/,

que en muchos credos', fueron parodiados ingeniosamente por Samuel Butler de esta forma: 'Hay más duda en la fe sincera, etc...'. Es fácil defender el sentimiento que transpiran los versos de Tennyson, pero también hay que confesar que esa 'duda sincera' (honest doubt) tenía no poco de 'pose' en aquellos tiempos... (Los victorianos)... llevan la suspensión de juicio hasta un extremo casi de futilidad, y, aunque no cabe duda de que sufrían, uno no puede compadecerlos mucho (5).

¿No sería la mitad de este párrafo estrechamente aplicable a nuestro Unamuno? ¿No fue también su "fe en la fe", su fe en la creencia, y más que eso, puesto que no tenía creencias, su fe en la duda sincera, un algo de "pose", de postura acomodaticia, por la que nosotros, con nueva sensibilidad, seamos creyentes o no lo seamos, no podemos sentir mucha compasión?

Como es natural, Unamuno se encuentra en mayor concordancia espiritual con los poetas de este último período, los victorianos, que con los románticos, pero es curioso cómo aún entre éstos se encuentran multitud de pensamientos, de frases, incluso de muletillas, que podrían haber sido plenamente suscritos por Unamuno y que Unamuno ha repetido casi con las mismas palabras. Mucho de lo que hizo de la aparición de nuestro escritor en las letras españolas una estupenda novedad, su irracionalismo, su peculiar heterodoxia, su endiosamiento del "yo", tiene en la poesía inglesa una larga tradición que se remonta por lo menos a la mitad del siglo XVIII, y es de su-

---

(5) W. R. Inge, *Outspoken Essays*, 2nd Series, London, 1922, 203. Unamuno conocía la primera parte de esta obra del un tiempo famoso «gloomy dean» de San Pablo de Londres, pero no sabemos si llegaría a leer, en la segunda, estas frases tan justamente aplicables a él mismo.

poner que, de haberse producido en el mundo de habla inglesa, el pensamiento de Unamuno no habría sido recibido con la sorpresa y el escándalo con que lo fue en España.

A continuación vamos a exponer, caso por caso, estos paralelismos y coincidencias. La exposición resultará monótona. En muchos casos, no servirá para probar ninguna deuda efectiva por parte de Unamuno, pero creemos que, en su conjunto, pueden revelar que las raíces del sentimiento religioso eran las mismas en unos y en otros, y esto explica la frecuencia y el calor con que nuestro escritor los parafrasea e imita en algunos momentos.

Siguiendo un orden cronológico, diremos que Thomas Gray es uno de los primeros poetas que despierta vivos ecos en la sensibilidad de Unamuno. Su famosa "Elegy in a country churchyard" le da pie para sentidas reflexiones ("a la manera de los 'musings'", que diría él) ante algunos paisajes españoles, que más que describir, le sirven de pretexto para sus monólogos (6). De algunas cartas de Gray deriva la parte más interesante, en conexión con su concepto de la "intrahistoria", de otro capítulo del mismo libro, *Andanzas y visiones españolas* (7). Otro poeta que atrae su atención es William Cowper, probablemente por su interesante vida y su fuerte sabor puritano (8). Después vienen Burns, Blake y los lakistas, los tres grandes románticos (Byron, Shelley y

_____

(6) Véase «Hacia el Escorial», en *Andanzas y visiones españolas*, Col. Austral, 1945, 37, y otra vez en *Andanzas...*, 59. Ver también el poema «En un cementerio de lugar castellano», transparente recuerdo de la elegía de Gray.

(7) El titulado «En la quietud de la pequeña vieja ciudad», en *Andanzas...*, 67.

(8) Unamuno leyó un epistolario de Cowper. En *Del sentimiento...*, dice de él: «Hay entre los poéticos quejidos del pobre Cowper unas líneas escritas bajo el peso del delirio, y en las cuales, creyéndose blanco de la divina venganza, exclama que el infierno podrá procurar un abrigo a sus miserias: Hell might afford my miseries a shelter. Este es el sentimiento puritano, la preocupación del pecado y la predestinación...» (*Ensayos*, Aguilar, II, 751).

Keats), Tennyson y Browning, James Thomson, Cristina Rossetti, Elizabeth Barrett Browning y Swinburne (9), pero de estos cuatro últimos, aunque insistentemente citados con elogio, no se puede decir que ocupasen una parte dominante en su interés (10). Ésta corresponde a los mencionados con anterioridad.

Unamuno trabó conocimiento con Burns, muy probablemente, a través de la apoteosis que de éste hace Carlyle en "Los héroes" (11). Nuestro escritor se preciará más adelante de leerlo en su lengua original, en dialecto escocés. Con Burns comienza Fairchild su análisis de la fe romántica. En Burns, que pronto ve asaltada su fe por el materialismo dieciochesco, aparece por primera vez (entre los poetas ingleses, se entiende) la idea de que la religión, aún contra el escepticismo de la razón, constituye una necesidad del corazón humano: "Aunque la religión sea... un mero fantasma, existente sólo en la calurosa imaginación del Entusiasmo... —'¿Qué verdad hay en el mundo tan valiosa como la Mentira?'—, mis vagarosos pensamientos me hacen a veces sentirme un poco escéptico, pero las Necesidades de mi corazón siempre desmienten al frío filosofar". Bajo el fuego de la voluntad de creer siempre yace, como en Unamuno, la ceniza amarga de la incertidumbre: "Hay una cosa que me atemoriza: el que vayamos a vivir eternamente parece demasiado bueno para ser verdad" (12).

Las oscuras construcciones mentales de William Blake también habían de ser sugestivas para Unamuno. Como éste contra el cientifismo positivista,

(9) Unamuno, por supuesto, conocía a poetas más modernos, entre los cuales están R. A. Dobson, R. Kipling, Arthur Symons y los americanos W. V. Moody y Carl Sandburg, pero no creemos que éstos, coetáneos suyos, tuviesen gran influencia sobre él.

(10) A las dos poetisas dedica Unamuno un admirativo comentario en *Ensayos*, Aguilar, II, 685.

(11) Cfr. *Ibid.*, II, 528.

(12) Cit. por Fairchild, 57 y 59.

Blake es el primer inglés que se rebela y desprecia la ciencia hiperoptimista de su tiempo. Por su defectuosa cultura y autodidactismo, podía atraer a Unamuno como un ejemplo casi perfecto de hombre sencillo que se eleva a las cumbres de la intuición imaginativa, de hombre "carnal" que se transforma en "espiritual" sin pasar por el aborrecido estadio de lo "intelectual", según la distinción, de origen agustiniano, tan cara al pensador vasco (13). Difícilmente se encontrará poeta con más fe en el poder de la imaginación y capaz de construir todo un sistema de interpretación del mundo en su libérrima fantasía. "Todas las cosas que los demás suponemos objetos percibidos por los sentidos —escribe Fairchild— para Blake son puros símbolos. Estos símbolos son producto de la Imaginación o Genio, la única facultad que puede percibir o crear la verdad. La Imaginación es la única realidad última, la energía espiritual universal de la que se derivan las formas de todas las cosas. Y como el hombre no puede imaginar nada más elevado que lo humano, lo real, en cuanto distinto de las formas meramente simbólicas de todas las cosas, son las formas humanas, y la naturaleza es creación del espíritu humano. Por la misma razón, la forma de Dios es una forma humana. Pero 'el Genio Poético' es el verdadero Hombre, y es también la realidad última, la fuerza creadora y espiritual del Universo. Dios, por tanto, es el hombre perfecto, y el hombre perfecto es Dios" (14). No sabemos hasta qué punto aprobaría Unamuno las abstrusas concepciones de este poeta que llegó al borde de la locura. Blake no es ciertamente de los más citados por él, pero Unamuno parece confesar que lo había ignorado injustamente y que luego lo descubrió con gozo. Sin duda, el poema que para-

---

(13) Cfr. «Intelectualidad y espiritualidad». en *Ensayos*, Aguilar, I, 511.
(14) Fairchild, *Ob. cit.*, 91.

frasea un significativo verso de Blake ("Courage, my
Lord, proceeds from selfdependence") (15) es un tributo rendido al poeta de inconmovible fe en sí mismo por otro poeta cuya única esperanza estaba también en sí mismo, única, trágica realidad que sobrevive al escepticismo.

T. S. Coleridge fue traducido por Unamuno y uno
de los lakistas evocados por el habitante de las ásperas llanuras salmantinas:

> Cuna de noche Coleridge en sueños
> que hacen remanso entre las ciegas rocas
> despierta al alba y le da un lago en verso
> rielando al pie del cielo de la boca (16).

¿Leería Unamuno las obras filosóficas de Coleridge,
o conocería sólo sus poemas? La filosofía de Coleridge, desdeñada en su tiempo por los "técnicos"
de la metafísica, era un intento de móviles tan sen-
timentales como las especulaciones "Del sentimiento
trágico". Tampoco Coleridge sabía llenar el abismo
que se abría entre su razón y sus sentimientos religiosos. Su Dios, existiese o no, era también fruto
de una necesidad íntima: "...aunque el hombre llamado Jesús no hubiese nunca aparecido sobre el
mundo, yo soy lo bastante cuáquero para creer que
el Cristo, Poder de la Palabra, que incluso resonó en

---

(15) En *Cancionero - Diario poético* (Buenos Aires, 1953), poema 687:

> Y yo que no sabía, Blake mío,
> lo que me ibas diciendo...
> vidente de este cielo, pues no hay otro,
> señor de tu sendero.
> «Goce mental, salud mental, amigos
> mentales» —verdaderos—
> «mujer que quiero y que me quiere», «llena
> la inmensidad un solo pensamiento»,
> «el gozo empreña, los pesares paren».
> Blake, ¡mi compañero!
> «Courage, my Lord, proceeds from self-dependence».

(16) *Ibid.*, poema 727.

75

el desierto, se habría revelado en el corazón de cada hombre". También Unamuno hubiera podido preguntarse: ¿Cuál es mi metafísica?, y responderse: "sólo el referirse de la mente a la conciencia de sí misma para buscar las verdades indispensables a su propia felicidad". "Mis opiniones filosóficas están mezcladas a mis sentimientos o se deducen de ellos". (17). Por eso Coleridge, como Unamuno, gustaba de repetir con frecuencia la imprecación de San Marcos: "I believe; help Thou my unbelief!".

William Wordsworth aparece mucho más frecuentemente en las obras de Unamuno que su compañero Coleridge, y con los adjetivos más encomiásticos: "el dulcísimo y nobilísimo Wordsworth...". Sin embargo, la vida religiosa del gran poeta parece menos agitada que la de otros y no de acentos tan patéticos como la de Unamuno. Siguiendo la misma trayectoria que muchos de sus coetáneos (cientifismo materialista primero, refugio en un irracionalismo sentimental después), y compartiendo de cerca las luchas íntimas de su amigo Coleridge, Wordsworth aparece en cambio mucho más sereno, como rehuyendo la duda religiosa y derivando a otros caminos más seguros, al amor a la naturaleza y la filantropía, por ejemplo. No hay en él estados de ánimo tormentosos ni gritos desgarrados. Sus últimos años dan una nota de apacibilidad y de contento; ha vuelto a abrazar, al menos externamente, la fe de su infancia; acude otra vez a la iglesia, aunque de cuando en cuando se le escape una frase de escepticismo. Pero el drama íntimo está domeñado, ha sido relegado a una religión de afectos oscuros y, en su vida consciente, nada turba la serenidad. Wordsworth ha evitado siempre todo sufrimiento ideológico y ha encontrado la paz en la observación de la naturaleza. Nunca creyó que esta posición significa-

---

(17) Cit. por Fairchild, 300 y 318.

se cobardía, porque la naturaleza no era para él un motivo de diversión estética, sino una fuente de meditaciones sobre el hombre, la sociedad y los deberes morales: "...a still retreat, Sheltered, but not to social duties lost". Y eso es lo que Unamuno, quizás por contraste, admiraba en él. Aunque no estremecido por la agonía religiosa, era un gran espíritu capaz de percibir todo lo que de noble hay en el corazón humano, de tener fe en la pasión y de comprender la oculta armonía del universo. Era para Unamuno un "espiritual" más que un "intelectual", y aunque hay quien ha visto en su poesía mucho de razonamiento prosaico puesto en rima (18), nuestro escritor lo considera un "poeta por excelencia, poeta cuya poesía era esencialmente poética, poética más que pictórica, escultural, musical o literaria como la de otros, por lo demás excelentes poetas; ...que exploró como pocos el fondo común humano, lo que nos hace a todos hermanos, la raíz de la caridad" (19). Madariaga ha creído encontrar cierto paralelismo de corte espiritual entre ambos poetas. A uno y a otro...

"les es rara vez posible ponerse en humor puramente estético. Como Wordsworth, Unamuno es un espíritu esencialmente utilitario. De las dos cualidades que la obra de arte requiere en el artista, seriedad y desinterés mental, la primera abunda, la segunda falta tanto en Unamuno como en Wordsworth. Su interés en el pensamiento director que les anima respectivamente —sobrevida en Unamuno, virtud en Wordsworth— es demasiado inmediato y ur-

(18) Cosa justificada en parte por la idea del propio Wordsworth de que el metro poético bastaba estuviese «superadded» al pensamiento. Cfr. S. de Madariaga, «The Case of Wordsworth», en *Shelley and Calderon and other essays*, London, 1920, 136 y siguientes.

(19) *De esto y aquello*, (Buenos Aires, 1950-54), I, 484.

gente para permitirles la distancia necesaria a la visión estética. Ambos trabajaban movidos por un alto utilitarismo —la busca de Dios en el alma individual, Unamuno; la busca de Dios en el alma social, Wordsworth... El predominio del elemento masculino —fuerza sin gracia— es tan típico de Unamuno como de Wordsworth. Ambos carecen de aquellos dones que por brevedad cabe sintetizar en una sonrisa. Tan poco humor hay en uno como en otro" (20).

Si aceptamos este diagnóstico psicológico de Madariaga, él nos puede dar la clave tanto de las semejanzas como de las desemejanzas entre el inglés y el español. Desemejanza en el pensamiento: uno busca, con deísmo panteísta, a Dios en la naturaleza y en la sociedad; el otro busca a Dios en sí mismo, y con el único fin de que lo salve de la nada (en esto, Coleridge, Burns o Blake están más cerca de Unamuno que de su compatriota). Semejanza en la contextura espiritual, en la manera de ser artistas: incapacidad para lo puramente estético, "utilitarismo", subordinación de lo artístico a lo moral-escatológico. Este parentesco psicológico llevaría a Unamuno a gustar en Wordsworth su seriedad, su moralismo, su bondad rectilínea y a gustar este su tipo de poesía reflexiva, sin una frívola concesión al color ni a la música.

También Shelley, el apologeta del ateísmo, siente la comezón de la inmortalidad: "Desde luego, la razón nunca puede garantizar ni probar la verdad del sentimiento. Yo he considerado este problema en todos sus posibles aspectos, y la razón me dice que la muerte es el límite de la vida humana; y sin embargo, creo todo lo contrario". No cabe discutir que

(20) *Semblanzas literarias contemporáneas*, Barcelona, 1924,142.

aquí el verbo "creer" tiene exactamente el sentido que le daba Unamuno. Ahora bien, Shelley, en el dilema creencia-razón, opta por ésta última, aunque comprende que la razón no lo es todo y que la fe también tiene su justificación en sí misma: "El que no pueda ser descubierta por la razón no basta a probar la inexistencia de una cosa... Los que realmente sienten la existencia de Dios, tienen perfecto derecho a creer en ella, y tendrán, en verdad, motivos para compadecer a los que no creen, entre ellos a mí. Pero yo, hasta que no lo sienta, debo contentarme con su sustituto, la razón" (21). No sabemos si por esta su impasibilidad, casi helénica, ante el propio escepticismo, Shelley no parece de los poetas más gustados por Unamuno, que le alude poco en comparación con Wordsworth, Coleridge y otros posteriores. Tampoco se encuentran muchas referencias en la obra unamuniana a Keats, menos intelectual que sus célebres contemporáneos y quizás el más artista de todos ellos.

Aunque decía preferir los poetas "más indígenas, de más anglicanidad", a los más cosmopolitas, es decir, a los más traducidos y admirados fuera de Inglaterra (22), Unamuno leyó ampliamente a Byron. Citas de Byron aparecen en lugares claves de su obra; el capítulo VII de *Del sentimiento*... está encabezado por una cita del "Caín" (23) y en *Abel Sánchez*, Joaquín Monegro lee el mismo drama de Byron, que "le entró hasta lo más íntimo". Clavería cree que Byron tiene alguna parte en la formulación que se hace Unamuno del problema, casi existencia-

---

21) Cit. por Fairchild, 353.
(22) *Ensayos*, Aguilar, II, 1069.
(23) Cain. Let me, or happy or unhappy, learn
     To anticipate my inmortality.
  Lucifer. Thou didst before I came upon thee.
  Cain. How?
  Lucifer. By suffering. (Act. II, Scene I), Cfr. *Ensayos*, Aguilar, II, 831.

lista, de la alteridad. Indice de ello parece el que,
más tarde, en el drama *El otro*, donde vuelve a surgir el tema del fratricidio, Unamuno use para desig-
narlo la palabra "misterio", que no puede ser más
que un recuerdo del "mistery" de Byron (24).

Otro poeta muy citado es Tennyson. Recordemos
que su "Enoch Arden" fue uno de los primeros poemas leídos en la adolescencia por Unamuno, y que
le dejó "una impresión profundísima" (25). Este
temprano contacto comienza ya a producir sus fru-
tos, según Anna Krause (26), en la primera novela
del bilbaíno, *Paz en la guerra*, cuyas páginas finales
por lo menos fueron escritas al tiempo que Unamuno leía o releía con ahínco a sus favoritos poetas
ingleses, entre ellos Tennyson. Ese exaltado lirismo
meditativo que pervade la novela puede ser empa-
rentado, al menos en su tono general, con la postura
cogitativa y entusiasta al mismo tiempo tan frecuente en el "Poet Laureate". Según A. Krause, el paralelismo de temas y de actitud se hace aún más claro
en el poema "Teresa", donde, además de la transparente paráfrasis becqueriana, se puede rastrear un
tratamiento del eterno tema amor-muerte-inmortali-
dad estrechamente relacionado con uno de los poemas más famosos de Tennyson, "In Memoriam" (27).

Como no podía menos de suceder, Unamuno tuvo
que verse a sí mismo parcialmente reflejado en el
alma del poeta que más lapidariamente resumió la
fe victoriana: "There lives more faith in honest
doubt, Believe me, than in half the creeds". "Fe que
no duda es fe muerta", sería la primera versión española y unamunesca de este primer artículo del ag-
nosticismo tennysoniano. Pero enseguida surge la

---

(24) Cfr. C. Clavería, *Temas de Unamuno*, Madrid, 1953, 105-111.
(25) Cfr. S. Serrano Poncela, *El pensamiento de Unamuno*, México, 1953, 10.
(26) «Unamuno and Tennyson», en *Comparative Literature* (Ore-
gon), III, 1956, 122-135.
(27) *Ibid.*, 123 y 125.

idea que restablece el equilibrio: dentro de la duda, mejor es atenerse a la parte positiva de ésta y esforzarse por alcanzar la fe por otro camino, ansia que cristaliza ya en el salmo II de *Poesías*, su primer libro de versos (28). Es, sin embargo, en *Del sentimiento* donde el problema de la duda y la fe se encuentra tratado con mayor amplitud y en más estrecha conexión con las ideas de Tennyson. "The Ancient Sage", "The Two Voices" e "In Memoriam" le suministran abundantes citas con que reforzar su planteamiento del problema del conocimiento, con la clásica distinción entre la mente que conoce y el alma que cree, la fe que trasciende la razón y es capaz de hallar al Dios personal, etc. El punto de arranque viene dado por un par de versos de "The Ancient Sage": ya que "nothing worthy proving can be proved, nor yet disproved", hay que ser cauto, por instinto vital, y "agarrarse a la parte más soleada de la duda y trepar a la Fe allende las formas de la Fe" (29). El mismo tema resurge con la lectura de "Locksley Hall": la ciencia no basta, hay que alcanzar la sabiduría, y ésta sólo se logra con la experiencia y el dolor: "Knowledge comes, but wisdom lingers, and he bears a laden breast, Full of sad experience, moving towards the stillness of his rest" (30). Según el irracionalismo que comienza a prevalecer en la filosofía de los victorianos, esta experiencia —ajena a la razón, que es una facultad tan engañosa como las otras— sólo la alcanza el poeta con "ese instinto que lleva al hombre a querer conocer

---

(28) *Ibid.*, 126.

(29) *Ensayos*, Aguilar, II, 744.

(30) «La ciencia llega, pero la sabiduría se retarda, y trae un pecho cargado, lleno de triste experiencia, avanzando hacia la quietud de su descanso» (Trad. por Unamuno, *Ensayos*, Aguilar, II, 805).

aquello que a vivir siempre conduzca" (tesis de otro victoriano, Matthew Arnold) (31).

* * *

Ya uno de los primeros críticos de Unamuno notó la existencia de ciertas semejanzas entre éste y otro de los grandes poetas victorianos, Robert Browning (32). En varias partes ha confesado Unamuno su afición por Browning. "Me recrea Browning, a pesar de sus oscuridades", dice una vez (33). Le gustan las "monótonas melopeas de Browning", escribe en una carta, y más tarde dedica un artículo al dilecto poeta (34). Para nosotros, prueba definitiva de la importancia de Browning en la atención de Unamuno es el que aparezca citado a menudo en *Del sentimiento...*: su visión de la anacefaleosis o recapitulación de todos en Cristo, su concepto del amor divino (sobre el que quiso escribir un tratado, recuérdese, que no llegó a escribir), su idea de que sólo se salvarán los que lo han deseado así en esta vida, es decir, varias de las tesis peculiares de su pensamiento, están expuestas con el apoyo de frases y versos del poeta inglés (35).

Entre la religión de Unamuno y la religión de Browning hay una gran conformidad de líneas generales, pero también una diferencia fundamental, una diferencia de acento. Browning es más mundano que Unamuno, más sereno, quizás más frío. Veremos

---

(31) Unamuno también tomó de Tennyson la reelaboración poética que éste hizo en su «Locksley Hall» de la doctrina evolucionista darwiniana, que el poeta interpretaba como un grandioso proceso en que el Universo cobra gradualmente conciencia de sí mismo hasta alcanzar, en el hombre, la «edad de la libertad para colaborar con Dios en la obra de la Creación». Cfr. Anna Krause, *Art. cit.*, passim.

(32) H. Romera-Navarro, *Miguel de Unamuno*, Madrid, 1928, 161.

(33) *Ensayos*, Aguilar, II, 1069.

(34) *De esto y aquello*, III, 176 y sgs. El artículo parafrasea el argumento de «Prince Hohenstiel-Schwangau, Saviour of Society», pero no nos da su juicio del poeta.

(35) *Ensayos*, Aguilar, II, 814, 874, 932 y 937.

cómo esta diferencia esencial se apunta en el tratamiento que ambos hacen de un mismo tema, el de
"Bishop Blougram's Apology" y *San Manuel Bueno,
mártir*.

Pero antes veamos cómo resume la ideología religiosa de Browning uno de sus mejores críticos, Paul
de Reul:

> Spiritualiste, chrétien au sens large, ses cro-
> yances le rattachent à son temps. Sa réligion
> libérale est un 'compromis victorien'. Il n'adhé-
> re à aucune église, n'accepte pas les dogmes,
> mais les interprète en un sens que plus tarde
> on appellerait moderniste ou pragmatiste...
> Et ce n'est pas une voix imaginaire, mais
> Browning en son propre nom qui, dans 'La
> Saisiaz', affirme l'inmortalité de l'âme comme
> un espoir sans quoi la vie deviendrait ininte-
> lligible. Cet espoir a tous les caractères d'une
> foi. Le poète ne s'incline pas devant l'inconnu:
> il ne veut rien moins, dans l'au-delà, qu'une
> survivance individuelle (36).

¿Hay algo en este párrafo que no se pueda aplicar
a Unamuno? Por algo dijimos que la originalidad de
Unamuno en Inglaterra hubiera sido mucho menor,
o debida a otras cualidades que su sentimiento religioso, pues las líneas principales de éste son las mismas que las de lo que Reul llama "un compromiso
victoriano", las mismas que en Tennyson y que en
Browning.

Como Unamuno, Browning fue un insatisfecho de
la ciencia positiva de su tiempo, y sobre todo del
transformismo, en el que muchos intelectuales pu-
sieron tantas esperanzas. El poeta vio pronto que el

---

(36) *L'art et la pensée de R. Browning*, Bruxelles, 1929, 19.
Cfr. también el capítulo VIII.

transformismo no le explicaba el alma humana, su origen ni su destino, y se lanzó a buscar explicación de estos misterios en la historia de la civilización, construyéndose para sí propio una especie de antropología cultural muy parecida a la que Unamuno perseguía en sus incansables lecturas de historia de las religiones, de filosofía, de biología, de todas las ciencias cuyo objeto es el hombre. Este espíritu de búsqueda filosófica explica que los poemas de Browning estén recargados de citas y alusiones casi eruditas. Toda su poesía es altamente didáctica. Incapaz de comprender "l'art pour l'art", reaccionando contra la poesía esteticista de Keats, Browning quiere lograr un arte "en contacto con la vida, integrándose en la vida social, sirviendo, en definitiva, a la moral, pero por caminos nuevos e impremeditados" (37), y esto hace que sus poemas se conviertan en esas "monótonas melopeas" que hacían las delicias de Unamuno.

Perdida la fe de su infancia, desilusionado del cientifismo de su juventud, Browning vuelve al Cristianismo por un camino nuevo entonces, por necesidad sentimental y desnudándolo de todo razonamiento. Es tan difícil sistematizar sus ideas religiosas como es difícil sistematizar las de Unamuno. Tanto al uno como al otro, las pruebas de la revelación dejan de convencerles. La verdad del Cristianismo, como la verdad de toda bondad y todo amor, está dentro del hombre mismo y no necesita de pruebas externas. Browning cree en la inmortalidad, pero prescindiendo de la revelación. La idea de una fe adquirida de golpe y porrazo, por adhesión a un dogma, le parece indigna del carácter heroico que debe tener toda existencia (38). Para él, lo mismo que para Unamuno,

---

(37) *Ibid.*, 58.
(38) Este concepto combativo de la existencia, que claramente compartía Unamuno, es muy semejante al que propugnó Carlyle y que suscitó en Don Miguel un cálido asentimiento. Cfr. *Ensayos*, Aguilar, II, 659.

creer en Dios no es estar seguro de que exista, sino desear vivamente que exista. La duda está siempre ahí, haciendo dura y meritoria nuestra fe. "Fe que no duda es fe muerta", decía Unamuno, y lo mismo Browning:

> Yoy must mix some uncertainty
> With faith, if you would have faith be.
>
> ("Easter Day", IV)

La religión de Browning brota de percibir una relación directa entre el alma humana y lo divino, una necesidad de Dios en el hombre. Su "razonamiento" es el siguiente: mi reconocimiento hacia Dios prueba que existe un Dios que sea sensible a él; mi deseo de inmortalidad prueba la inmortalidad. Y este razonamiento, que en Browning era una experiencia subjetiva, sin pretensiones demostrativas, pero una razón al fin, en Unamuno es fuente de desconsuelo; porque "...si la fe, la vida, no se puede sostener sino sobre razón que la haga trasmisible —y ante todo trasmisible de mí a mí mismo, es decir, refleja y conciente—, la razón a su vez no puede sostenerse sino sobre fe, sobre vida, siquiera fe en la razón, fe en que ésta sirve para algo más que para conocer, sirve para vivir. Y, sin embargo, ni la fe es trasmisible o racional, ni la razón es vital" (39). Pero es muy difícil decidir a qué carta, en último término, se quedaba cada uno. En ambos hay un reflujo constante de afirmación y negación. No es que Browning se quedara completamente satisfecho de su prueba subjetiva de la inmortalidad. "Hope, no more than hope", escribe en "La Saisiaz", pero añadiendo a renglón seguido: "but hope, no less than hope". Y parecida es la réplica de Unamuno: "y que no me digan que no tengo razón, porque aquí no se trata de razones, sino de sentimientos".

---

(39) *Ibid.*, II, 814.

En uno y en otro, los mismos motivos para creer y para no creer. "Sa psychologie religieuse —dirá Reul de Browning— jette un pont entre sa philosophie, qui écarte cette illusion, et ses aspirations religieuses qui précedèrent la théorie... Browning défendra l'inmortalité de l'âme par des arguments qu'il n'emprunte pas ouvertement au christianisme et qui dérivent à la fois de son éducation religieuse et de son tempérament individualiste" (40). No otra cosa se podría decir de nuestro Unamuno: lo único que le hace esforzarse por creer son dos cosas: la simiente echada en su alma por una adolescencia de intensa piedad, y un recio temperamento afirmativo, terco, incapaz de resignarse a la aniquilación completa.

A nuestro modo de ver, hay dos temas en que Unamuno se adhiere estrechamente, más que en otras ocasiones, a la actitud de Browning. Uno de ellos es el del amor divino, entendido en ambas direcciones. La relación hombre-Dios es objeto del poema "Saul", algunos de cuyos versos utiliza Unamuno en *Del sentimiento...* para hacer hincapié en su idea de la interdependencia entre la divinidad y el hombre: "Es a nosotros mismos, es nuestra eternidad lo que buscamos en Dios, es que nos divinice", y a continuación cita los versos de Browning: "Es la debilidad en la fuerza por lo que clamo; mi carne lo que busco en la divinidad" (41). La otra vertiente del vínculo religioso, la relación Dios-hombre, está también tratada bajo la égida del poeta victoriano, y, concretamente, de su "Christmas Eve and Easterday". A su vuelta sentimental al Cristianismo, al que ha despojado de todo dogma y desenraizado de toda base histórica, Browning se atiene a lo más sentimental de la doctrina de Jesús, a una región de

(40) P. de Reul, *Ob. cit.*, 181.
(41) *Ensayos*, Aguilar, II, 874.

ella fuera del alcance de toda crítica, y que, en efecto, es la parte que sobrevive en el espíritu de los demoledores escriturarios como Renán o Strauss: el Cristianismo tiene su más preciada conquista en haber convertido a Dios, de un señor justiciero y exigente en un ser paternal, casi humano. Casi humano en la ortodoxia cristiana, y completamente humano en el sentir religioso de Browning. Para éste, incluso es posible que Dios necesite del hombre y el hombre, por tanto, tenga oportunidad de ayudarle:

> Could man indeed avail, mere praise of his,
> to help by rapture God's own rapture too
> Trill with a heart's red tinge that purple pale
> [bliss?
> ("Dramatis Personae") (42)

Chesterton fue uno de los primeros en detectar en Browning este sentimiento de la imperfección divina. Si el sacrificio y la abnegación son virtudes —piensa el poeta—, éstas faltarían a Dios de no haberse El sacrificado por los hombres. La humanidad, por tanto, "hizo un favor" a Dios al dar ocasión a la Redención. La humanidad es tan necesaria a Dios como éste lo es a los hombres,

> For the loving worm within its clod
> Were diviner than a loveless God

versos que recoge Unamuno en otro pasaje de *Del sentimiento...* (43), insistiendo en una de las ideas que le eran más caras, la de la limitación de Dios (idea que pudo haber aprendido, antes que en Browning, en Stuart Mill, y elaborado después con ayuda

---

(42) Para una exégesis del último y oscuro verso, ver P. de Reul, *Ob. cit.*, 165.

(43) *Ensayos*, II, 874.

de su máximo exponente William James, de quien también fue entusiasta nuestro Don Miguel) (44).

El otro tema a que aludíamos se encuentra deliciosamente tratado por Browning en su "Bishop Blougram's Apology". Según las suposiciones más autorizadas, el obispo browningiano es un trasunto imaginativo del célebre cardenal Wiseman, arzobispo de Westminster y autor de *Fabiola*, que padeció cierta fama de escéptico entre los contemporáneos del poeta. En la "Apology" de Browning, el obispo Blougram, sobre cuya incredulidad también corren rumores, defiende su actitud ante un periodista joven y violento que se indigna de lo que él cree hipocresía y superchería. Explica el mitrado, lleno de comprensión y de sabiduría prudente, lo que es la fe y lo que es la duda. Su razón no acepta las creencias que él tiene que sostener como pastor de almas. Pero, por otra parte, ¿quién le asegura que su razón no le engaña? Su deber ante los fieles es ser sereno, prudente, paternal, y no escandalizarlos ni hacerles vacilar. Con una abjuración ruidosa, aparte de causarles un grave daño espiritual, tampoco conseguiría la satisfacción íntima, porque si él se lanzase al escepticismo confesado, siempre le quedaría un rescoldo de añoranza y de duda al revés (¿y si, después de todo, fuera verdad que hay Dios, etc?). No, él no puede renegar de la Iglesia, porque...

All we have gained then by our unbelief
Is a life of doubt diversified by faith
For one of faith diversified by doubt... (45)

---

(44) Las relaciones de Unamuno con W. James han sido estudiadas por A. Sánchez Barbudo, «La intimidad de Unamuno: relaciones con Kierkegaard y Willian James», en *Occidental*, n.º 7, 1949.

(45) Frase que repetirá a menudo Unamuno. Véase su contexto más revelador en *Ensayos*, II, 814.

No sólo su deber, sino sus íntimas necesidades espirituales, le exigen seguir en su puesto y afrontar serenamente la marejada de la duda.

Como se habrá notado, la historia presenta no pocas coincidencias con una narración de Unamuno, *San Manuel Bueno* (46). ¿Hasta qué punto puede haber influido el poema de Browning en el cuento unamuniano? No nos parece imposible que la trama de la "Apology" le haya sugerido a nuestro autor la urdimbre, el esqueleto de *San Manuel Bueno*, pero la diferencia de ambiente en ambas obras es considerable. La duda del párroco español es más radical y más angustiosa que la del obispo inglés, y San Manuel Bueno mantiene en secreto la tragedia íntima casi exclusivamente por amor a sus sencillos feligreses. El obispo Blougram, en cambio, cuyo escepticismo no es del todo un secreto, no actúa sólo impelido por su responsabilidad para con los demás, sino por un móvil de íntimo equilibrio espiritual, de honda experiencia psicológica. El acento es muy diferente en una y otra obra. El cuento de Unamuno es patético, desgarrado, violento, aunque no falto de una dulce melancolía que lo hace aún más triste. El monólogo de Browning tiene una serenidad, un reposo y una amplitud mental (¿podríamos decir epistemológica?) que no conoció Unamuno. Probablemente, el español y el inglés, aunque coincidentes en muchas actitudes, eran muy desemejantes en tempe-

---

(46) Como ha notado Sánchez Barbudo, *San Manuel Bueno* también presenta indudables concomitancias con el *Vicario Saboyano* de Rousseau, pero no es menos cierto que Unamuno conocía bien «Bishop Blougram's Apology», y que el paralelismo de temas entre este poema y su cuento hace inevitable la cotejación. Para decidir qué parte toca a Rousseau y cuál a Browning en la gestación de *San Manuel Bueno*, habría que hacer un análisis detallado que no podemos emprender aquí; el estudio de Barbudo, completísimo en lo que toca al *Vicario*, no cuenta para nada con la *Apology*. Cfr. A. Sánchez Barbudo, «Los últimos años de Unamuno: 'San Manuel Bueno' y el 'Vicario Saboyano' de Rousseau», en *Hispanic Review*, XIX, 1951, 281-322.

ramento. A pesar de sus conflictos, Browning transpira una jovialidad, una alegría de vivir, un goce en su misma potencia intelectual que son ajenos por completo al autor vasco (47). Esa tenue mundanidad de Browning no la tuvo Unamuno, y esa obsesión de inmortalidad de Unamuno no la tuvo Browning. Pero no cabe duda de que aquél, que deglutía con gran fuerza asimilativa todo lo que. rozaba sus propias tendencias, veía en el segundo un espíritu casi gemelo asaltado de dudas y anhelos como los suyos.

(47) La misma diferencia en sus respectivos aspectos físicos parece confirmar el contraste de temperamentos. Browning parecía, por su traje y sus facciones, un buen burgués, ameno conversador, mundano y pulcro en todos sus ademanes (Cfr. P. de Reul, *Ob. cit.*, 194). La traza puritana y deliberadamente inelegante de Unamuno debía de ser muy distinta.

V: *EL OBISPO BLOUGRAM Y SAN MANUEL BUENO: DIVERGENCIAS SOBRE UN MISMO TEMA*

Es de suponer que, al escribir *San Manuel Bueno, mártir,* Unamuno recordaría haber leído muchos años antes un poema de Robert Browning de tema en cierto modo semejante, *Bishop Blougram's Apology* (1). El parecido entre ambas obras, sin embargo, no es más que inicial o de planteamiento (2), y tras él, si hay algo, es sólo profunda divergencia, pero de todas formas creo que el mismo contraste resulta iluminador, y que sería interesante tenerlo en cuenta al estudiar la gestación del relato unamuniano (3).

---

(1) En *Del sentimiento trágico...* (*Ensayos,* Aguilar, II, 814) aparecen citados unos versos de la *Apology* que reproducimos más adelante, lo cual prueba que Unamuno había leído este poema antes de 1913. En el ensayo «Heráclito, Demócrito y Jeremías» (*De esto y aquello,* Buenos Aires, 1950-54, III, 461) vuelve a aludir a «aquel sibilítico e intrincadísimo poeta que fue Roberto Browning, en aquella deliciosa pieza de filosofía poética —mejor que filosófica, poética— que es la 'Apología del obispo Blougram'...» y a la misma obra vuelve a referirse en «El ideal histórico» (*Ibid.,* IV, 249). Cfr. M. García Blanco, «Poetas ingleses en la obra de Unamuno: I» (*Bulletin of Hispanic Studies,* XXXVI, 1959, 88-106), artículo de suma utilidad para las relaciones entre Unamuno y Browning.

(2) En un trabajo titulado «Unamuno y la 'duda sincera'» (ver *supra,* IV), ya aludí a tal parecido, pero exagerándolo un tanto, inconscientemente, tal vez llevado de la primera sorpresa y, por supuesto, de la oscuridad de la poesía browningiana.

(3) Para posibles «fuentes» de *San Manuel Bueno,* véase: A. Sánchez Barbudo, «Los últimos años de Unamuno; San Manuel Bueno y el Vicario Saboyano de Rousseau», en *Hispanic Review,*

En la *Apology* del poeta inglés, uno de sus característicos monólogos (molde expresivo que, dicho sea de paso, recuerda bastante al "monodiálogo" unamunesco), el obispo Blougram se justifica a sí mismo en voz alta ante un periodista que se supone le ha reprochado el que siga desempeñando su sagrado ministerio a pesar de su escepticismo religioso. Lo que al curioso periodista parece hipocresía y falsedad repugnantes, para Blougram es en cambio un imperativo de sabiduría vital y prudencia filosófica. Si el obispo abjurase de sus creencias oficiales, abandonase su ministerio y se lanzase decididamente al escepticismo, no por ello tranquilizaría su espíritu, ya que, al menos, tendría dudas a la inversa, dudas sobre si la religión que antes profesó no encerraría, después de todo, alguna verdad:

What have we gained then by our unbelief
But a life of doubt diversified by faith
For one of faith diversified by doubt?

Pasaje crucial del monólogo y que precisamente Unamuno cita y parafrasea en su *Del sentimiento trágico de la vida* (4). A partir de aquí, el razonamiento se bifurca en dos direcciones que esquemáticamente podríamos resumir así: a) si el dogma cristiano no es sino un tejido de falsedades, razón de más para que Blougram no abandone su puesto; en él tiene satisfacciones materiales, su ambición de poder y autoridad se ha visto colmada, goza de una posición social que su mismo mudo interlocutor le envidia; debe disfrutar de todo ello, puesto que al fin nadie le va a pedir cuentas. b) Si las creencias que él profesa resultan verdaderas, ahí están sus

XIX, 1951, 281-322; y Eleanor K. Paucker, «San Manuel Bueno, mártir, A Possible Source in Spanish American Literature», en *Hispania* (California), XXXVII, 1954, 414.
(4) Ver *supra*, nota (1).

obras para justificarle; él no ha escandalizado a sus fieles, ha cumplido sus deberes pastorales con el mismo celo que el más fervoroso creyente, y a su muerte, Dios no va a juzgarle por unas dudas que no ha estado en su mano el sofocar, sino por sus buenas acciones. Se trata, pues, de un nudo inextricable que sólo cortará la muerte, pero cuyos dos cabos él cree tener bien sujetos. Todo ello está expresado a la manera típica browningiana, en una dialéctica complicada, antitética y tortuosa, que se refleja en su sintaxis entrecortada y abrupta, y que tal vez no sería descabellado comparar a la técnica de contradicciones y paradojas tan cara a Unamuno. Entre los varios símiles de que se sirve el prelado en su alambicado discurso, resalta por su importancia temática el del camarote de barco: la vida es un viaje marítimo hacia un ignorado más allá, pero, sea cual sea nuestro rumbo, tenemos que constreñirnos a amueblar nuestra cabina con comodidad pero sin extravagancia; si queremos llevar en ella todos nuestros caprichos (como el escéptico que quiere permitirse el lujo de cambiar de ideas incesantemente), el capitán nos los tirará por la borda: nuestro equipaje intelectual ha de ser, pues, ligero y sabiamente seleccionado. Este símil, no muy claro por cierto, recuerda de lejos al famoso "pari" pascaliano, aunque presentado en una forma mucho más cínica y materialista, pero, además, proporciona al autor la oportunidad de "castigar" irónicamente el cinismo del obispo al final del poema: su interlocutor divulga en un periódico las desenfadadas declaraciones episcopales, a resultas de lo cual el pobre Blougram tiene que abandonar la mitra y emigrar:

> And having bought, not cabin furniture
> But settler's implements (enough for three)
> And started for Australia - there, I hope,

By this time ha has tested his first plough,
And studied his last chapter of St. John.

Final irónico que envuelve en terrible ambigüedad
el sentido todo del poema. ¿Se identificaba Browning con los especiosos razonamientos de su criatura? Sí y no. Ese latigazo irónico de los últimos versos muestra que un poeta tan sinceramente idealista
y moralizador como Browning no podía adherirse
al cínico oportunismo (que a veces raya en lo repul-
sivo) del ficticio prelado, sin tener en cuenta que
ya desde antiguo el autor había dejado sentado de
una vez para siempre el principio de que su poesía
era "always dramatic in principle, and so many
utterances of so many imaginary persons, not mine"
(Prefacio a *Pauline*, 1888). Y, sin embargo, no pocas
de las ideas expresadas por Blougram pueden ser
autorizadamente atribuidas al autor, y de hecho representan facetas bien conocidas de la religiosidad
de Browning (5). Esto es lo que da a la *Apology* esa
resbaladiza ambigüedad a que acabamos de aludir,
esa falta de visión total fraccionada en la "casuísti-
ca" del soliloquio (6). Como dice un crítico moderno, la ironía del poema "se dirige contra el propio
Browning, pues éste no puede convencer al lector
de que él sabe distinguir lo falso de lo verdadero
en los argumentos de Blougram" (7). Las "dudas"
religiosas del poeta eran, en gran parte, las de su
criatura.

Según indicábamos al principio, *San Manuel Bueno* sólo presenta una coincidencia inicial con *Bishop*

---

(5) Sobre el pensamiento religioso de Browning, véase, Henry
Jones, *Browning as a philosophical and religious teacher*, London,
s. a.; y Paul de Reul, *L'art et la pensée de R. B.*, Bruxelles, 1929,
capítulo VIII.

(6) Cfr. W. O. Raymond, «Browning's Casuists», en *The Infinite
Moment*, Toronto, 1950.

(7) L. G. Salingar, «Robert Browning», en *From Dickens to
Hardy* (n.º 6 de The Pelican Guide to English Literature, ed. by
Boris Ford, London, 1958), 253.

Blougram's Apology: en ambas obras se trata de ministros de la Iglesia que ocultan su incredulidad y persisten en su ministerio. Todo lo demás es diferente, empezando porque el modesto párroco de Valverde de Lucerna dista gran trecho del mundano y cínico obispo browningiano (8). Y, sobre todo, los móviles de ambos son radicalmente opuestos. La abnegada devoción con que Don Manuel oculta a sus feligreses su tragedia íntima para no hacerlos infelices contrasta bien a las claras con la mezcla de sutileza mental y grosera materialidad que exhibe en sus peroratas el mitrado Blougram, para quien apenas cuenta la salud espiritual de sus fieles. El modo en que los dos autores, Unamuno y Browning, tratan a sus respectivos personajes, tampoco puede ser más divergente: equívoca ironía en el poeta inglés, que a veces se identifica con su criatura y a veces la castiga sarcásticamente con trazos denigrantes; profunda identificación, cariño y seriedad, en el novelista español, para quien su párroco rural representa algo muy entrañable y vivo, una crisis más en su congoja de inmortalidad y, tal vez, un tardío arrepentimiento de sus insistentes ataques a la "fe del carbonero" (9). Esta divergencia, ya de por sí palpable a lo largo de ambas obras, queda distintamente subrayada en sus respectivos finales: el obispo Blougram termina hundido en la desgracia y el ridículo, mientras que Don Manuel, después de su emocionante muerte,

---

(8) La misma distancia parece existir entre los dos posibles modelos vivientes en que tal vez se inspiraron ambos autores. El de Unamuno pudo ser un sacerdote conocido por él en Bilbao y del que habla en el artículo titulado «Francisco de Iturribarría. Recuerdos de entrañabilidad y de silencio», incluido en el libro *Sensaciones de Bilbao*, ed. Vasca, Bib. de «Hermes», Bilbao, 1922. Sobre este punto, véase A. Sánchez Barbudo, *Loc. cit.*, 288-89. Se dice que el modelo del «Obispo Blougram» fue el célebre Cardenal Wiseman, Arzobispo de Westminster y autor de la novela *Fabiola*, de cuya incredulidad murmuraban sus coetáneos (Ver Paul de Reul, *Loc. cit.*, 311).

(9) Cfr. A. Sánchez Barbudo, *Loc. cit.*, passim.

quiere ser salvado por su autor en la esperanza de Ángela Carballino (10).

Por otra parte, aunque creía la mitad de lo que decía ("For Blougram, he believed, say, half he spoke"), el obispo expresa no pocas ideas y actitudes atribuibles al mismo Browning y en cierto modo a Unamuno. Éste, gran lector de aquél y no poco compenetrado con su ideología religiosa (11), podría haber suscrito algunas de las sentencias blougramescas más famosas. He aquí unas pocas de las de timbre más "unamuniano":

"The more of doubt, the stronger faith, I say,
If faith o'ercomes doubt..."

"You like this Christianity or not?
It may be false, but will you wish it true?
....
If you desire faith - then you've faith enough."

"With me, faith means perpetual unbelief
....
...—let doubt occasion still more faith!"

"No, when the fight begins within himself,
a man's worth something. God stoops o'er his
[head,
....

---

(10) «Y ahora, al escribir esta memoria, esta confesión íntima de mi experiencia de la santidad ajena, creo que Don Manuel Bueno, que mi San Manuel y que mi hermano Lázaro se murieron creyendo no creer lo que más nos interesa, pero sin creer creerlo, creyéndolo en una desolación activa y resignada... Y es que creía y creo que Dios Nuestro Señor, por no sé qué sagrados y no escudriñaderos designios, les hizo creerse incrédulos. Y que acaso en el acabamiento de su tránsito se les cayó la venda» (*San Manuel Bueno, mártir, y tres historias más*, Espasa-Calpe, Madrid, 1933, 110-111).

(11) De esta semejanza de actitud religiosa entre Unamuno y Browning me ocupo en el artículo arriba citado (*supra*, nota (2)).

...Prolong that battle through his life!"

"You own your instincts - why what else do I,
Who want, am made for, and must have a God
Ere I can be ought, do ought?..."

El pensamiento concentrado en versos como éstos apenas se diferencia de muchas de las concepciones más insistentemente expresadas en las obras de Don Miguel, pero en cambio apenas encuentra eco en las páginas de *San Manuel Bueno*. Esta magistral novelita representa un estadio casi epilogal en la evolución espiritual de su autor, donde ya no cabe "prolongar la batalla" ni "desear la fe". Las sabias cautelas de Blougram, con su casuísmo de "dudas" y suspensiones de juicio, ya no tienen sentido para él; sólo le queda la congoja del aniquilamiento próximo, y, tal vez, la secreta esperanza de que su incredulidad fuese un mal sueño. En todo caso, su único deseo era ya la paz, en la destrucción o en el reposo bienaventurado.

Parece, pues, como si Unamuno, después de haber disfrutado la lectura de "aquella deliciosa pieza de filosofía poética", como calificó a la *Apology*, la hubiese ignorado por completo al tratar un tema parecido, quizás porque era ya tarde para enfrentarse a la muerte con "filosofías" blougramescas.

VI: RIVAS Y VALLE-INCLAN: OTRO PEQUEÑO «PLAGIO»

Como es bien sabido, la sublevación de los sargentos de La Granja en agosto de 1836 ocasionó la caída del gabinete Istúriz, del que don Angel Saavedra formaba parte importante como ministro del Interior. Y el pronunciamiento implicaba además para el duque poeta y sus compañeros la necesidad de esconderse y escapar a las iras de la plebe. Según su biógrafo G. Boussagol, Rivas se ocultó primero en un arrabal remoto de Madrid, luego en la legación inglesa, y finalmente huyó disfrazado a Portugal, con un pasaporte del general Seoane y ayudado por un contrabandista, buen conocedor de la frontera (1). Una de las peripecias sufridas en esta escapatoria, aunque atribuida a un amigo suyo, le serviría luego de asunto para su artículo de costumbres "El ventero", publicado, con otro cuadro de su pluma, en *Los españoles pintados por sí mismos* (2). El protagonista de "El ventero" es también un caballero exilado que viaja de incógnito bajo la tutela de un con-

---

(1) G. Boussagol, *Angel de Saavedra, Duc de Rivas* (Toulouse, 1926), p. 59.

(2) Véase José F. Montesinos, *Costumbrismo y novela* (Valencia, 1960), p. 125. Viene reproducido en la edición de la BAE de *Obras Completas del Duque de Rivas*, III (Madrid, 1957), pp. 320-7, de donde tomo el pasaje que copio a continuación. Boussagol (p. 109) asegura que «El ventero» describe una experiencia del mismo Rivas y no de otra persona, según le reveló una descendiente del duque, la marquesa de Aranda.

trabandista, y que tiene que hacer noche en una venta de situación y aspecto siniestros, por no poder alojarse en las ciudades del camino. Tendido en un mal camastro, y en un cuartucho sórdido, demasiado aireado por un ventano sin cristales, el asustado viajero escucha durante la noche murmullos de conversaciones misteriosas, furioso galopar de caballos y hasta disparos de trabuco. Cerca de la madrugada le sorprende el sonido de unos golpes de azadón en la tierra del corral. Cuando a la mañana siguiente interroga a su compañero de viaje sobre la causa de tan extraños ruidos, el contrabandista le impone silencio acerca de lo que haya podido ver o escuchar, a cambio de la fidelidad con que él guarda el secreto de su fuga.

Si después de leer este relato tomamos la *Sonata de estío* valleinclanesca, encontraremos varias cosas que nos han de sonar muchísimo. En efecto, cuando Bradomín llega, también anochecido, a su hacienda de los llanos de Tixul, se sorprende al ver huir a varios caballistas de aspecto poco tranquilizador, y con los cuales su propio mayordomo parece estar en entendimiento, de la misma manera que el contrabandista de Rivas resultaba compinche del ventero malhechor. Durante la primera noche que pasa el marqués en su finca mejicana también oye un tiroteo lejano, galopar de jacos e idéntico cavar a espaldas de la casa. Aunque el desenlace, el ambiente, los personajes y el estilo son muy diferentes en uno y otro pasaje, los reproduzco ambos para que se vea cómo Valle-Inclán utilizó el relato de Rivas en sus detalles anecdóticos y descriptivos más evocadores. Subrayo las palabras o expresiones en las que el parecido resulta más claro:

99

Subió mi amigo una escalerilla como el cañón de una chimenea, y entró en un estrecho camaranchón tan rodeado de grietas y mechinales, que corría en él el mismo viento que en mitad del campo; siendo tantas las goteras que de la mal segura techumbre caían, que se hubiera debido entrar allí con paraguas; la ventana, sin puertas ni vidrieras, daba franco paso a una corriente de aire que hubiera podido moler un molino de viento. Notado lo cual por el contrabandista, tapó, ayudado del tío Trabuco, aquel importuno respiradero con una antigua y jubilada albarda que en el desván yacía...

El viajero disfrazado llevaba ya seis días de penosa marcha, y había andado aquel día catorce leguas en un caballo trotón por recuestos y vericuetos; circunstancias que bastan para que se crea que pronto quedó dormido. Y aunque en el breve *tránsito de la vigilia al sueño*, y estando ya, como se dice vulgarmente, traspuesto, oyo *abrir una puerta*, y luego otra, que le pareció la del campo, y *ruido de gente* y de herraduras y de relinchos, sin dársele de ello un ardite, se abandonó en los brazos de Morfeo.

Cuatro horas largas de sueño llevaría, cuando los tenaces *ladridos del perro* le despertaron. Como estaba vestido, *se incorporó* pronto en el lecho y como notara que el reparo puesto al ventano había venido al suelo, cosa que advirtió porque *la luna* había salido y, aunque velada de opacas nubes, *difundía alguna claridad, se levantó resuelto a volver a tapar aquel boquete*. Al acercarse a él, creyó ver a lo lejos cuatro o seis fogonazos, de que oyó inmediatamente *las detonaciones;* fijó los ojos a aquel lado, pero nada vio ni oyó más que el confuso rumor del *galope de algunos caballos*. Hubiera permanecido, curioso, *en su atalaya* si el frío y el no haber vuelto a oír rumor alguno no le obligaran a volver a *tapar el ventanillo* y a regresar tiritando a su lecho, no sin formar mil conjeturas, precisamente las propias de su extraña posición.

No volvió en todo el resto de la noche a hacer sueño de provecho, aunque, después de cavilar un rato, recobró el cansancio su imperio y lo dejó traspuesto, en cuyo estado, y sin saber si era ensueño o realidad, oyó nuevo tropel de caballos, *voces* roncas y confusas, *ladridos*, quejidos y carcajadas y como los *golpes de un azadón que abrían algún hoyo en el corral*; pero todo tan vago, tan inconexo, tan confuso, que el casi sueño en que se mantuvo hasta el amanecer no le dejó formar ninguna idea distinta y clara.

Ya empezaba el crepúsculo de la mañana, *cuando el contrabandista entró a despertarle* y a decirle que era la hora de ponerse en marcha, preguntándole qué tal había pasado la noche. "Muy mal —contestóle mi amigo—; amén de las pulgas, que me han devorado, y de las ratas, que se han paseado a su sabor sobre mí, y del viento y de las goteras, el ruido ha sido infernal... ¿Qué diablos ha habido esta noche en esta venta?... ¿Han llegado más pasajeros? *¿Se ha dado en ella una batalla?* ¿Qué demonios ha ocurrido?". Replicó el contrabandista: "Pues ¿qué ha oído usted?...". Y repuso el otro: "No es cosa de cuidado: tiros, carreras, ladridos, voces, lamentos... ¿Qué sé yo?". A lo que el contrabandista, con afectada serenidad, dijo: "Vaya, usted bebió anoche un traguito de más; nada ha habido, ni nadie ha entrado en la venta; sin duda *usted ha soñado* esas cosazas". "¿Cómo sueño? —saltó el viajero—. No, señor; estaba muy despierto cuando empezó la algazara; he visto y oído los tiros; he conocido la voz del ventero..., y aun la de usted..." "Pues si es así —le interrumpió el contrabandista—, crea, porque le conviene, que ha soñado... Y no se dé por entendido y diga aquí abajo y en todo el mundo que ha pasado la noche de un tirón, durmiendo a pierna tendida como un bienaventurado". "Pero, hombre, es terrible", dijo mi amigo. Y atajóle su conductor más bajo: "Os importa la vida...; no conocéis lo que son ventas y venteros...". Y continuó en voz alta: "Vamos, vamos, basta de sueño. ¡Caramba y qué pesadez!... Al avío, al avío, que ya es tarde".

VALLE-INCLAN

Acostéme rendido, pero el recuerdo de la Niña Chole me tuvo desvelado hasta cerca del amanecer. Eran vanos todos mis esfuerzos por ahuyentarle: Revoloteaba en mi memoria, surgía entre la niebla de mis pensamientos, ingrávido, funambulesco, torturador. Muchas veces, en el vago *tránsito de la vigilia al sueño*, me desperté con sobresalto. Al cabo, vencido por la fatiga, caí en un sopor febril, poblado de pesadillas. De pronto abrí los ojos en la oscuridad. Con gran sorpresa mía hallábame completamente despierto. Quise conciliar otra vez el sueño, pero no pude conseguirlo. *Un perro comenzó a ladrar* debajo de mi ventana, y entonces recordé vagamente haber escuchado sus ladridos momentos antes, mientras dormía. Agitado por el desvelo *me incorporé* en las almohadas. *La luz de la luna esclarecía* el fondo de la estancia, porque yo había dejado abiertas las ventanas a causa del calor. Me pareció oír *voces apagadas de gente* que vagaba por el huerto. El perro había enmudecido, las voces se desvanecían. De nuevo quedó todo en silencio, y en medio del silencio oí *el galope de un caballo* que se alejaba. *Me levanté para cerrar la ventana. La cancela del huerto estaba abierta* y sentí nacer una sospecha, aun cuando el camino rojo, iluminado por la luna, veíase desierto entre los susurrantes maizales. Permanecí algún tiempo *en atalaya*. Aquellos campos parecían muertos bajo la luz blanca de la luna: Sólo reinaba sobre ellos el viento murmurador. Sintiendo que el sueño me volvía, *cerré la ventana*. Sacudido por largo estremecimiento me acosté. Apenas había cerrado los ojos cuando el eco apagado de *algunos escopetazos* me sobresaltó: Lejanos silbidos eran contestados por otros: Volvía a oirse *el galope de un caballo*. Iba a levantarme cuando quedó todo en silencio. Después, al cabo de mucho tiempo, resonaron en el huerto *sordos golpes de azada, como si estuviesen cavando una cueva*. Debía ser cerca del amanecer, y me dormí. *Cuando el mayordomo entró a despertarme, dudaba si había soñado*. Sin embargo le interrogué:

—*¿Qué batalla habéis dado esta noche?*

El mayordomo inclinó la cabeza tristemente:

—¡Esta noche han matado al valedor más valedor de México!

—Una bala, señor.

—¿Una bala, de quién?

—Pues de algún hijo de mala madre.

—¿Ha salido mal el golpe de los plateados?

—Mal, señor.

—¿Tú llevas parte?

El mayordomo levantó hasta mí los ojos ardientes:

—Yo, jamás, señor.

La fiera arrogancia con que llevó su mano al corazón me hizo sonreír, porque el viejo soldado de Don Carlos, con su atezada estampa y el chambergo arremangado sobre la frente, y los ojos sombríos, y el machete al costado, lo mismo parecía un hidalgo que un bandolero. Quedó un momento caviloso, y luego, manoseando la barba, me dijo:

—Sépalo vuecencia: Si tengo amistad con los plateados es porque espero valerme de ellos... Son gente brava y me ayudarán... Desde que llegué a esta tierra tengo un pensamiento. Sépalo vuecencia: Quiero hacer emperador a Don Carlos V (3).

Habría que estudiar y clasificar con discernimiento los diversos "plagios" de que están embutidas las *Sonatas,* pues no todos son, ni mucho menos, de la misma naturaleza. Hay un abismo, por ejemplo, entre las tenues sugerencias de las *Memorias* de Chateaubriand en *Estío* (4) y el verso del *Viaje al Parnaso* incrustado al comienzo de *Primavera* (5); o entre la escena inspirada por *Le Vergini delle Rocce* y el episodio de hechicería tomado a Casanova (6). El contacto que señalamos nosotros aquí parece ser más bien de este último tipo, es decir, un calco episódico, aunque tampoco desprovisto de coincidencias verbales, como se puede ver en nuestros subrayados. Lo que Valle aprovecha de Rivas es, sobre todo, una apoyatura factual, un conjunto de sucesos, acciones y percepciones barajados en un orden nuevo, con la gran economía expresiva que caracteriza al terso simbolismo de las *Sonatas* y que tanto contrasta con la minucia reiterativa del estilo costumbrista romántico. Pero sin dejar por ello de ser esencialmente la misma historia: un viajero cansado que, en varios estados sucesivos de insomnio y duermevela, se despierta al ladrido de un perro, se levanta a cerrar o tapar la ventana, por la que entra la claridad lunar, oye galopar de caballos y estrépito de tiros, voces confusas y, finalmente, golpes de un azadón que

---

(3) Cito por la edición de Las Américas Publishing Company (Nueva York, 1961), pp. 114-5.

(4) Véase Franco Meregalli, *Parole nel tempo* (Milán, 1969), páginas 42-5.

(5) Véase Joaquín Casalduero, *Estudios de literatura española* (Madrid, 1962), p. 200.

(6) Véase Julio Casares, *Crítica profana* (Col. Austral, Buenos Aires, 1946), pp. 64-70.

abre una fosa; y, a la mañana siguiente, la misma pregunta ("¿Se ha dado una batalla?"/ "¿Qué batalla habéis dado esta noche?"), si bien respondida de formas distintas.

No podemos ahora acusar a Valle de plagio en el sentido estricto del término. El cuento de Rivas, sometido —como indico— a fuerte reelaboración estilística, ha sido traspuesto eficazmente a un ambiente y un juego de personajes totalmente nuevos (tan eficazmente que el pasaje no desentona en absoluto del resto de la *Sonatas*), pero ello nos ilustra una vez más sobre los procedimientos creativos de Valle-Inclán, el cual no tenía escrúpulos en mullirse el nido con plumas ajenas, primorosamente ensambladas por personalísimo artificio.

VII: AMBIGÜEDAD Y HUMORISMO EN LAS *SONATAS* DE VALLE INCLAN

De las novelas estetizantes producidas en los finales del siglo XIX y principios de éste, pocas han resistido el paso del tiempo. Títulos tan famosos como *A rebours*, *Il fuoco*, *The Picture of Dorian Gray*, un día admiración de los selectos y escándalo del filisteo, encubren hoy cientos de páginas irremediablemente envejecidas y caducas. De esta condena saturnina se sigue salvando, sin embargo, la primera gran obra de Valle Inclán, sus cuatro *Sonatas*, las cuales, aunque oscurecidas en gran parte por la obra posterior del gran pontevedrino —singularmente por sus *esperpentos* y las novelas del *Ruedo Ibérico* (1)—, todavía constituyen lectura muy estimulante y sabrosa. Sería difícil decir por qué; bajo una aparente simplicidad, las *Sonatas* encierran mayor riqueza de temas y tonos de lo que parece a primera vista (2). No son solamente una estilización "de moda"; conservan una cierta resistente lozanía, y su frescura

---

(1) Valle Inclán mismo, en sus últimos años, tenía en mucho mayor aprecio sus obras tardías, sobre todo *Tirano Banderas*, que sus *Sonatas*, de las cuales decía a D. García-Sabell: «¡Las *Sonatas*! Olvidémoslas. Son solos de violín». Cfr. el artículo de este último, «Españoles mal entendidos: Don R. del V. I.», en *Insula*, XVI (1961), Nos. 176-177, p. 19.

(2) Como muestra el penetrante ensayo de J. Casalduero, «Elementos funcionales en las *Sonatas* de V.I.», en *Estudios de Literatura Española* (Madrid, 1962), 199-218, el primero en abrir brecha en la interpretación un tanto superficial de esta obra a que nos tiene acostumbrados la crítica.

se debe en gran medida al matizado y complejo humorismo con que fueron escritas.

Es extraño que los muchos y excelentes críticos que han tenido las *Sonatas* (3) no hayan reparado más despacio en este aspecto de la obra, a mi parecer fundamental. Ramón Sender, en el prólogo a la edición que estoy utilizando (4), llega a afirmar: "En las *Sonatas* no hay humor ni sátira. Todo está vivido y recordado *en serio*" (p. xiv). Sólo conozco una crítica de las *Sonatas* que consigne explícitamente su urdimbre irónica, pero lo hace brevemente y de pasada; se trata de un ensayo de E. Anderson Imbert donde leemos: "Valle Inclán no toma en serio a Bradomín. No lo vive como a una criatura novelesca. Se sonríe de Bradomín, de sí mismo y, probablemente, del lector" (5). Hasta ahora, que yo sepa, nadie se ha detenido a considerar la función ni el alcance de esta dimensión humorística. Vamos a intentarlo aquí.

* * *

En la nota introductoria que puso Valle Inclán al primer fragmento de la *Sonata de Otoño* publicado en "los lunes" de *El Imparcial*, nos presenta ya a su protagonista bajo una luz irónica:

---

(3) Véanse, entre los mejores: Amado Alonso, «Estructura de las *Sonatas* de Valle Inclán», en *Materia y forma en poesía* (Madrid, 1960), 206-239; A. Zamora Vicente, *Las «Sonatas» de V. I.* (Madrid, 1955); E. Anderson Imbert, «Escamoteo de la realidad en las *Sonatas* de V. I.», en *Crítica interna* (Madrid, 1960), 211-227; F. Meregalli, «Studi sulle *Sonatas*», en *Studi su R. del V. I.* (Venecia, 1958), 10-22, a más del citado ensayo de Casalduero.

(4) Las Américas Publishing Co., New York, 1961. En adelante me refiero entre paréntesis a páginas de esta edición, anteponiendo la inicial de la *Sonata* correspondiente, así: (P, 44).

(5) *Loc. cit.*, 212. También Meregalli se refiere brevemente a «quell'umorismo che distingue così chiaramente Valle Inclán da D'Annunzio, per esempio, o da Maeterlinck; che costituisce uno dei pregi maggiori delle *Sonatas*; e che invece è stato, per quanto ricordo, pochissimo osservato» (*loc. cit.*, 27).

Estas páginas son un fragmento de las Memorias Amables que, ya muy viejo, empezó a escribir en la emigración el Marqués de Bradomín. Un Don Juan admirable. ¡El más admirable tal vez! Era feo, católico y sentimental.

La ironía del parrafito proviene de asociar la idea del donjuanismo, tradicional profesión de hombres hermosos, con la fealdad de este nuevo Don Juan. Ello nos indica que esta vez se trata de un seductor muy peculiar, y, de paso, nos recuerda graciosamente la fealdad del propio Valle Inclán, cuya figura estrafalaria era ya famosa en todo Madrid. Luego, la idea de feo rebota sobre la de católico, dejándola un tanto en ridículo; cuando leamos las *Sonatas*, en efecto, vamos a encontrar muy depreciado el supuesto catolicismo del protagonista. Finalmente, lo de sentimental también nos extraña en un Don Juan, y en el curso de la obra vamos a descubrir, con agridulce sorpresa, que esta promesa no llega a cumplirse como esperábamos. El irónico prologuillo es, pues, una especie de aperitivo que nos lanza a la lectura con divertida curiosidad.

Tan pronto como abrimos la primera de las *Sonatas*, la de *Otoño*, nos sorprende una ironía aún más sutil, que nos llena de dudas:

"Mi amor adorado, estoy muriéndome y sólo deseo verte". ¡Ay! Aquella carta de la pobre Concha se me extravió hace mucho tiempo. Era llena de afán y de tristeza, perfumada de violetas y de un antiguo amor (*O*, 121).

No sabemos si Valle Inclán está escribiendo completamente en serio estas palabras que bordean peligrosamente la cursilería de un romanticismo trasnochado. Pero, venciendo nuestras suspicacias, seguimos leyendo. Desde este momento estamos sumergidos en un mundo de sueños refinados y aristocráticos, de nobles palacios y damas exquisitas. Concha escribe "en tres pliegos blasonados". Bradomín recibe su carta en Viana del Prior, "donde cazaba todos los otoños". En seguida nos damos cuenta de que se trata de un sueño diurno y voluntario. Nada de la alucinación incontrolable de un Novalis, de un Bécquer. Es un sueño perfilado diestramente por la mano del soñador. Para hacernos conscientes de la voluntariedad de su fantasía, Valle Inclán la puntúa aquí y allá con una amplia gama humorística, que oscila entre la ironía casi imperceptible de una frase demasiado pomposa, hasta el chiste sin paliativos, que nos hace prorrumpir en carcajadas.

La forma más leve del humor valleinclanesco consiste solamente en un truco estilístico, como en el caso que acabamos de citar, al comienzo mismo de la obra. Es lo que podríamos llamar ironía lingüística. El autor, consciente de su virtuosismo, hincha ligeramente el énfasis decorativo de la expresión para que el lector también perciba, con emoción ambigua, la artificiosidad de su belleza. De esta clase hay muchos pasajes en las *Sonatas*:

> Al entrar en la saleta, donde la Señora y sus damas bordaban escapularios para los soldados, sentí en el alma una emoción a la vez religiosa y galante. Comprendí entonces todo el ingenuo sentimiento que hay en los libros de caballerías, y aquel culto por la belleza y las lágrimas femeniles que hacía palpitar bajo la cota el corazón de Tirante el Blanco. Me sentí más que nunca caballero de la Causa: Como una gracia deseé morir por aquella dama que tenía las manos como lirios y el aroma de una leyenda en su nombre de princesa pálida, santa, lejana (*I*, 195).

Sería imposible enumerarlos todos.

A esta categoría pertenece también el lenguaje falsamente arcaico de los criados y campesinos: "Aquí viene el yantar... Pondré las trébedes al fuego, si acaso les place calentar la vianda" (*O*, 123); "Hallábame yo en el patín, deprendiéndole la riveirana al mirlo nuevo..." (*O*, 137); "...y fue quien me trujo al Palacio" ((*O*, 138); "...mucho le divertía este divertimiento" (*O*, 166); "¡Dios Nuestro Señor quiere probarnos y saber ansí la fe que cada uno tiene en la su ánima y la firme conciencia de los procederes." (*I*, 216), etc.

En las *Sonatas*, los personajes plebeyos no hablan ningún dialecto existente, sino una jerga de arcaísmos, más o menos librescos, e incluso inventados; todo habilidosamente recogido por la prestidigitación lingüística de Valle Inclán. Claro que esta jerga tiene una función bien precisa en la estética de la obra. Amado Alonso lo ha notado: "Estos seudoarcaísmos de los servidores proyectan por evocación sobre los dueños reflejos de rancio señorío, como los arcones y los cuadros viejos" (loc. cit., 222). Pero también es verdad que estos arcaísmos inventados tienen para el lector que cae en el secreto un encanto irónico, porque sabe que Valle se los ha sacado de la manga en un genial malabarismo. Otra cosa sería si el autor se hubiese documentado filológicamente o hubiese hecho un esfuerzo a lo Pereda por reproducir hablas dialectales de verdad. Este lenguaje revela a medias el artificio de la novela, y lo revela desenfadadamente, lo cual es un poderoso instrumento de ironía. La misma impresión recibimos de la jerga falsamente navarra que oímos en la *Sonata de Invierno*: "Madrecica, esos caballeros venían tan cansados y arrecidos que los he llevado a la cocina para que se calienten unas migajicas. ¡Viera cómo se quedan comiendo unas sopicas de ajo con que los he regalado!" (*I*, 227). Valle Inclán no había estado en Navarra cuando escribió las *Sonatas.* Al leer estos diminutivos sospechamos, con una sonrisa, que el travieso don Ramón no ha utilizado otros documentos lingüísticos que las letras de unas cuantas jotas, que todo el mundo sabe; y, en efecto, una páginas más atrás vemos a un grupo de soldados cantando jotas (*I*, 199). Por esta pendiente de la fantasía lingüística, Valle Inclán llega a veces a graciosísimos disparates filológicos, como la "fabla visigótica" del paje Florisel o la yucateca de la Niña Chole, "esa vieja lengua que tiene la dulzura del italiano y la ingenuidad pintoresca de los idiomas primitivos" (*E*, 77). ¿Qué sabría nuestro novelista de lenguas precolombinas para poder detectar su "ingenuidad pintoresca"? Lo verdaderamente pintoresco es la creencia de Valle en el valor expresivo de los sonidos lingüísticos sin atención a su significado. Sin entender una palabra de vascuence, Bradomín se siente conmovido por el sermón de un cura vascongado y sus frases "ásperas, firmes, llenas de aristas, como las armas de la edad de piedra" (*I*, 182).

Al igual que estos nebulosos dialectos, la toponimia de las *Sonatas* es en parte fantástica y, sin embargo, muy evocadora: una mescolanza de lugarejos gallegos (Brandeso, Lantañón, Gundián, Céltigos) con algún que otro eufónico paraje ficticio, como Viana del Prior, Flavia Longa o Cristamilde; nombres que evocan vívidamente una vaga geografía de fundaciones astur-leonesas en los tiempos duros de la primera Reconquista y que ponen en nuestros labios una sonrisa de homenaje al genial artificio. La misma situación geográfica, en la mente de Valle Inclán, tienen algunos pueblos navarros de la de *Invierno* (San Pelayo de Ariza, Amelzu, Tafal, Endrás, Otáiz, Omellín), o los lugares mejicanos de la de *Estío* (6)

---

(6) Sólo William L. Fichter («Sobre la génesis de la *Sonata de Estío*», en *NRFH*, VII (1953), 526-535), que yo sepa, ha tenido la curiosidad de comprobar en un mapa el carácter fantástico de

y, por supuesto, la Ligura de la *Sonata* italiana. En una ocasión, Bradomín casi traiciona a su autor y revela a medias el secreto de esta toponimia: "Voy a los llanos de Tixul, que ignoro dónde están" (*I*, 78). Ignorancia perdonable, ya que los tales llanos no existen.

* * *

Amado Alonso ha estudiado el desarrollo de los tres temas centrales de las *Sonatas*: Religión, Amor y Muerte. Pero podría haber añadido que Valle Inclán selecciona estos tres temas para tratarlos de manera muy ambigua, involucrándolos a veces en una perspectiva irónica y, al mismo tiempo, profundamente humana. Ni siquiera, en dos de las *Sonatas*, toma a la muerte completamente en serio, como espero mostrar más adelante. Habría que agregar, además, dos importantes subtemas: el orgullo aristocrático y la perversión. De todos se burla Valle Inclán - Bradomín con diferentes grados y matices. Considerémoslos uno por uno.

Aunque se rodee de clérigos y monjas y husmee con sensualidad el incienso de la liturgia, Bradomín —a nadie se le oculta— es un incrédulo. En ocasión muy grave, cuando muere su hija, declara ser incapaz de remordimientos. "Pensé que no podía compararse mi culpa con la culpa de nuestro origen" (*I*, 235), escribe en un raro momento de introspección, expresando fugazmente ese abrumador sentido de la miseria del hombre que ha sido fuente de dog-

---

la toponimia valleinclanesca. Pero esta sencilla tarea tiene su recompensa, pues revela la deliciosa maestría con que el novelista contrahizo tantos nombres geográficos que casi es imposible sospechar sean falsos. ¿Quién diría que San Juan de Tuxtlán, Tequil, Necoxtla, Nueva Sigüenza o San Juan de Tegusco no están en Méjico, ni en ninguna parte? ¿O que San Pelayo de Ariza y Amelzu no existen en el País Vasconavarro? Cuando tropezamos, en cambio, con un topónimo claramente inverosímil, como Tlacotalpan, éste resulta perfectamente real. La travesura de Don Ramón no tenía límites.

mas religiosos (como el del pecado original), pero que en sí no es específicamente cristiano: la prueba es que rechaza toda responsabilidad ética en el individuo. Aún así, ese sentido cuasi-religioso que le queda de su educación católica y la fuerza del ambiente le hacen aproximarse a la religión en sus manifestaciones externas, sumergirse en ambientes clericales, incluso oír misa y rezar a su modo. El sentimiento religioso se halla en Bradomín —ya muy avanzado su descreimiento— en un estado de ligera superstición. Lo mismo que pone debajo de la almohada de Concha las hierbas supuestamente milagrosas "con un extraño sentimiento, mezcla de superstición y de ironía" (*O*, 135), así el culto católico le atrae y, al mismo tiempo, le parece falto de contenido racional. Por eso se burla de tantas cosas sacras, de la devoción de las mujeres beatas y sensuales a quienes ama, y cuyos escrúpulos se deshacen al primer soplo de voz seductora: si él fuera mujer... "haría como las gentiles marquesas de mi tiempo que ahora se confiesan todos los viernes después de haber pecado todos los días. Por cierto que algunas se han arrepentido todavía bellas y tentadoras, olvidando que basta un punto de contrición al sentir cercana la vejez" (*E*, 61). Por eso también se ríe de sus propias veleidades seudo-piadosas, siempre asimiladas a su erotismo, llamándose irónicamente "un santo caído de su altar y descalabrado", "un místico galante", etc...

Su escepticismo, sin embargo, es lo bastante firme para que sus burlas antirreligiosas no resulten atormentadas ni ambiguas. No debemos ver nada de esto en esas asociaciones falsamente sacrílegas de la sensualidad con cosas religiosas que tanto abundan en las *Sonatas*: "la blancura eucarística de su tez" (*O*, 130), "los senos eran dos rosas blancas aromando un altar" (*O*, 135), "la besé temblando como si fuese a comulgar su vida" (*O*, 150), "¡Azótame, Concha!

113

¡Azótame como a un divino Nazareno!" (*O*, 172). Estas asociaciones del placer carnal con la profanación religiosa tal vez tuviesen consistencia psicológica en los pioneros del decadentismo, en un Baudelaire o un Verlaine, pero no en Valle Inclán. Cuando nuestro autor escribe las *Sonatas*, ese "frisson nouveau" tiene ya muy poco de "nouveau"; es un cliché literario, y, como tal, nos cansa su repetición casi mecánica. Valle Inclán mismo debió de notarlo, pues, después de prodigarlas mucho en la primera *Sonata*, las espació considerablemente en las siguientes. Pero Bradomín tiene otras formas más frescas y naturales de poner en solfa el Catolicismo. Sería imposible considerar aquí la enorme cantidad de bromas irreligiosas que contienen las *Sonatas*. Baste decir que varían desde la más suave pulla anticlerical ("Candelaria es indulgente para nuestros amores como un buen jesuíta", *O*, 131), hasta el chiste más gratuito e irrespetuoso: "Brión el mayordomo tenía de las riendas un caballo viejo, prudente, reflexivo y grave como un Pontífice. Era blanco, con grandes crines venerables" (*O*, 154). El autor ha ido tan lejos por el camino del absurdo que, si es que el chiste tenía intención, esta vez ha marrado el blanco. Esa alegría jocunda que le baila en el cuerpo al escritor no puede ofender a ningún católico medianamente inteligente. Lo mismo se puede decir de la graciosa broma del jardín de las monjas santiaguistas, cuando la Niña Chole bebe agua acercando sus labios a la "menuda y cándida virilidad" del angelote de piedra de una fuente, a quien las monjas creen representación del Niño Jesús (*E*, 84). Para conseguir un efecto maliciosamente cómico, Valle Inclán no vacila en urdir diversas paparruchadas de derecho eclesiástico, tales como la de requerir bula papal para beber el "agua bendita" de la citada fuente o dar a Bradomín el más que dudoso privilegio de rezar de pie ("como caballero santiaguista", "por el fuero que tenemos de canónigos agustinos", *E*, 82). Todo el episodio del convento mejicano es en su mayor parte una pura comedia de enredos eróticos sobre un contraste de candores monjiles. En general, el humor irreligioso de las *Sonatas* es de una clase muy desenfadada y espontánea. A veces reside tan sólo en la caricatura de beatas (*P*, 33, 34) o clérigos (*I*, 205). A menudo insiste en contraponer el hedonismo bradominesco al ascetismo cristiano ("La pobre no sabía que lo mejor de la santidad son las tentaciones", *P*, 23). Son raras las ocasiones en que atenta al dogma, como en las volterianas observaciones de Fray Lope sobre el vino de consagrar (*E*, 92, 93). Siempre, no obstante, se mantiene a un nivel de finura irónica mucho más demoledora que la burla grosera (7).

Bradomín, gran mujeriego, también se burla del amor, y hasta de la comezón erótica que le aqueja siempre. En la *Sonata de Primavera*, el amor intensamente romántico que le produce María Rosario no le impide aturdirla cínicamente con ironías sobre su «padre espiritual» el caballero Casanova (*P*, 43, 44), ni asustar a la inocente niña con maniobras mucho más positivas: «Yo tenía lágrimas en los ojos, y sabía que cuando se llora, las manos pueden arriesgarse a ser audaces» (*P*, 52). Exagera, burlándose de él, su donjuanismo: «Recordé mi primera conquista. Tenía yo once años y una dama se enamoró de mí. ¡Era también muy bella!» (*O*, 144). Pone en ridículo sus propias maneras afectadas y literarias: «Y nos besamos con el beso romántico de aquellos tiempos. Yo era el Cruzado que partía a Jerusalén y Concha la dama que lloraba en su castillo al claro de luna» (*O*, 155) (Todo ello porque va a pasar unas horas separado de Concha, en casa de su tío). Hasta de su misma potencia sexual, que tantos placeres le pro-

---

(7) Véanse otras ironías irreligiosas en: *O*, 129, 132, 151, 163, 164, 171, 174; *E*, 76, 77, 80, 86; *P*, 18, 25, 49; *I*, 184, 186, 187, 194, 204, 205, 207, 211, 238, 242.

porciona, se mofa Bradomín exagerándola cómicamente: «...celebramos nuestras bodas con siete copiosos sacrificios que ofrecimos a los dioses como el triunfo de la vida» (*E*, 87). Y otra vez: «Después fue nuestro numen Pedro Aretino, y, como oraciones, pude recitar en italiano siete sonetos gloria del Renacimiento: uno distinto para cada sacrificio. El último lo repetí dos veces» (*E*, 101-102). D. H. Lawrence se hubiese horrorizado de estas rechiflas sobre el sacrosanto sexo. Pero para Bradomín nada había sacrosanto, ni siquiera el sexo. Al principio de la *Sonata de Estío* ya nos había recordado, con una imaginería muy divertida, que su vigor genital era inquebrantable: «Todavía hoy, después de haber pecado tanto, tengo las mañanas triunfantes, y no puedo menos de sonreír recordando que hubo una época lejana donde lloré por muerto a mi corazón» (*E*, 61). Hay aquí una deliciosa ambigüedad picaresca con que se alude al corazón... y a otro órgano de su fisiología que no es precisamente la víscera cardíaca. Más sorprendente aún es que en la *Sonata de Invierno*, ya viejo, tenga esta escena de alcoba con la Volfani (8):

—¡Xavier, es la última vez!

Yo creí que hablaba de nuestra amorosa epopeya, y, como me sentía capaz de nuevos alar-

---

(8) Otras bromas eróticas: «—Duerme con luz...— ¡Ves!... Isabel no puede dormir sola... Imitémosla» (*O*, 165); «Sin saber cómo, resurgió en mi memoria cierta canción americana que Nieves Agar, la amiga querida de mi madre, me enseñaba hace muchos años, allá en tiempos cuando yo era rubio como un tesoro y solía dormirme en el regazo de las señoras que iban de tertulia al Palacio de Brandeso. Esta afición a dormir en un regazo femenino la conservo todavía» (*E*, 71); «Mis manos, distraídas y paternales, comenzaron a desflorar sus senos» (*E*, 87); «María Antonieta fue exigente como una dogaresa, pero yo fui sabio como un viejo cardenal que hubiese aprendido las artes secretas del amor en el confesionario y en una corte del Renacimiento» (*I*, 203).

des, suspiré inquietando con un beso apenas desflorado una fresa del seno (*I*, 204).

La Muerte misma no basta a imponer respeto al genio travieso y farsante de Valle Inclán. Recordemos el final tragicómico de la *Sonata de Otoño* y las circunstancias de la muerte de Concha. Ésta se resiste a pecar, pero, excitada su lascivia de enferma por un desplante impío de su amante, consiente en desnudarse y azotarle con su larga cabellera negra, en una parodia de sadismo superlibresco. Todo esto es tan rebuscado, tan magistralmente teatral, que ya nos pone en guardia. Muere Concha a consecuencia del orgasmo (9), y Bradomín, aunque se declara horrorizado, todavía tiene arrestos para aprovechar la ocasión que la casualidad le depara y seducir a su prima Isabel por «galantería». En esta escena, psicológicamente inverosímil, Bradomín no tiene empacho en soltar chistecitos irreverentes: "Todos los Santos Patriarcas, todos los Santos Padres, todos los Santos Monjes pudieron triunfar del pecado más fácilmente que yo. Aquellas hermosas mujeres que iban a tentarlos no eran sus primas" (*O*, 174). Luego sigue el macabro viaje, con el cadáver de Concha en brazos, por las salas oscuras del Palacio, para devolverlo a su alcoba, y el sueño y despertar de Bradomín, las hijas que descubren el cadáver de su madre, etc. Todo ello resaltado por detalles que quieren ser escalofriantes: la mano de la muerta chamuscándose en la vela caída, los cabellos que se enredan en un picaporte, la miedosa mirada del Cristo en su hornacina. Pero toda esta atmósfera de terror, tan cuidadosamente preparada, está algo en desajuste

---

(9) Como es sabido, esta muerte, ejemplar para un decadente, es imputable al modelo de Barbey d'Aurevilly, quién la había perpetrado en la primera de sus *Diaboliques*, según descubrió muy pronto el detectivesco Julio Casares (*Crítica profana* (Madri, 1916), 17-130).

con los sentimientos que experimenta Bradomín entonces, y aún luego al recordar el luctuoso trance. Estos sentimientos son un puro (aunque hábil) pastiche de literatura decadente, con su jerga de "escrúpulos de místico", "sacrílega melancolía", "extraños diabolismos": "Todavía hoy el recuerdo de la muerta es para mí como una tristeza depravada y sutil" (O, 176). Igualmente librescas son las palabras con que se cierra la *Sonata*:

> ¡La pobre Concha había muerto! ¡Había muerto aquella flor de ensueño a quien todas mis palabras le parecían bellas! ¡Aquella flor de ensueño a quien todos mis gestos le parecían soberanos!... ¿Volvería a encontrar otra pálida princesa, de tristes ojos encantados, que me admirase siempre magnífico? Ante esta duda lloré. ¡Lloré como un dios antiguo al extinguirse su culto! (O, 177).

¿Por qué no sentimos repugnancia ante este egoísmo increíble? Precisamente por eso, porque es increíble, porque no se nos presenta como una auténtica experiencia psicológica, sino como un fantaseo del autor, embutido de literatura. "Melodrama para exquisitos, dramones para refinados" llama Pedro Salinas (10) a estas escenas. La "pose" d'annunziana es un poco demasiado visible. Tan magistral farsantería nos deja fríos: o la tomamos irónicamente, como si colaborásemos con el autor que monta la tramoya, o la dejamos del todo. Para emocionar no sirve.

La muerte del negro cazatiburones en la *Sonata de Estío* es otra ficción psicológica (11). La Niña

---

(10) *Literatura española siglo XX* (México, 1949), 91.
(11) Sobre las fuentes de este episodio en Zorrilla y Chateaubriand, véanse, respectivamente, W. L. Fichter, *loc. cit.*, y F. Meregalli, *loc. cit.*

Chole permanece insensible, arroja al mar las monedas que había prometido al pobre negro y le grita, con erudición inverosímil en una criolla sin letras: "¡Ya tiene para el flete de Caronte!". La reacción de Bradomín es igualmente literaria: "La crueldad de la criolla me horrorizaba y me atraía. La trágica muerte de aquel coloso negro era para mí objeto de voluptuosidad depravada y sutil" (*E*, 75). Casi las mismas palabras que le inspira la muerte de Concha. Hasta ahora, el único estremecimiento verdadero ante la violencia física de la muerte se lo producen a Bradomín dos desconocidos, en el secundario episodio de la lucha en la iglesia del convento:

> Yo experimentaba la más violenta angustia en presencia de aquellos dos hombres caídos en medio de la iglesia, el uno sobre el otro. Lentamente se iba formando en torno de ellos un gran charco de sangre que corría por las junturas de las losas. Sentíase el borboteo de las heridas y el estertor del que estaba caído debajo. De tiempo en tiempo se agitaba y movía una mano lívida, con estremecimientos nerviosos (*E*, 92).

Esta vez es Bradomín mismo el matador, y, aunque no puede sentir remordimiento, pues lo ha hecho en un acto de justicia, tampoco juega con sentimientos perversos: se queda simplemente con los ojos clavados en el horror físico de la escena; su mente está en blanco; sólo siente, en sus entrañas, "la más violenta angustia" (12). Luego veremos cómo en las *Sonatas* de *Primavera* e *Invierno* se enfoca también el

---

(12) En la misma *Sonata de Estío*, la escena en que Bradomín aprovecha el miedo de la Niña Chole a las campanas que doblan a muerto para poseerla (*E*, 87) resulta, aunque sin duda rebuscada, no del todo inverosímil, ya que se basa en un mecanismo bien conocido del erotismo femenino.

tema de la muerte sin ninguna frivolidad decadentista (13).

Antes, sin embargo, debemos ocuparnos del tratamiento humorístico de los dos subtemas: la perversión y el orgullo aristocrático. Conviene hacer hincapié en el hecho de que Bradomín no es un perverso sexual. La perversión le ronda todo el tiempo, en el incesto de la Niña Chole, en la homosexualidad del príncipe ruso, en el enamoramiento de su propia hija, que él favorece sin saber que lo es; pero él se mantiene incólume. A esas perversiones les da pomposos nombres irónicos, cargados de literatura, pero se declara incapaz de ellas: "Aquel bello pecado, regalo de los dioses y tentación de los poetas, es para mí un fruto hermético" (*E*, 98); "Era el magnífico pecado de las tragedias antiguas. La niña Chole estaba maldita como Mirra y como Salomé" (*E*, 89). Otras veces, trata de disfrazar un placer completamente normal con palabrería decadente, como cuando se complace en admirar despacio la belleza semidesnuda de la mejicana: "Gustaba la divina voluptuosidad de verla, y con la ciencia profunda, exquisita y sádica de un decadente, quería retardar todas las otras" (*E*, 116). Y otras, la perversión, maliciosamente sugerida, resulta irreal, se deshace como una burbuja ante la realidad prosaica: en el jardín de Brandeso, el Marqués sospecha por un momento que Concha ha corrompido la inocencia del niño que le sirve de paje: "Sus ojos misteriosos y cambiantes miraban a lo lejos y me sonó tan extraña su risa,

---

(13) En la *Sonata de Primavera*, la muerte del cardenal Gaetani no está descrita directamente, pero sus efectos sobre los parientes del difunto (*P*, 19) son de una sutil comicidad, que Zamora Vicente ha notado con perspicacia: «Se presiente bajar lentamente el paño final, sobre un fondo de sollozos, para dar lugar a que la princesa Gaetani haya alcanzado el diván en su caída. Ese *desmayaba*, imperfecto de acción continuada..., denuncia la acabada maestría de la actriz, que va cayendo cuidadosamente, poco a poco, para no hacerse daño y conservar la dolida dignidad del suceso» (*op. cit.*, 135-136).

que sentí frío. ¡El frío de comprender todas las per-
versidades! Me pareció que Concha también se es-
tremecía. La verdad es que nos hallábamos a co-
mienzos de otoño y que el sol empezaba a nublarse.
Volvimos al palacio" (*O*, 140). En estos casos, la ironía no deshumaniza sino que, por el contrario, hu-
maniza a Bradomín: de humanos es burlarse de las
perversiones sexuales cuando uno no las siente; de
humanos es también fantasear sobre ellas, imaginár-
selas con pícaro regusto, rechazarlas al fin porque
no se necesitan. Por eso la pornografía es tan humana (14).

El orgullo nobiliario del Marqués de Bradomín parece a simple vista uno de los rasgos más consis-
tentes del personaje, pero también está minado de
ironías subterráneas. En su aspecto más leve, este
humor se vislumbra apenas en las patrañas genealó-
gicas de don Juan Manuel, con su sirena preñada
por don Roldán el de Roncesvalles. Don Juan Manuel
es un hidalgo aldeano, que toma en serio esas cosas.
Concha le toma el pelo cariñosamente, "con una sonrisa de dulce y delicada ironía". Bradomín, con el
retraimiento del que se sabe superior, se mantiene
silencioso: "Concha interrumpió, riéndose: —No le
pregunte usted. ¡Es un dolor, pero el último marqués
de Bradomín no sabe una palabra de esas cosas!"
(*O*, 152). También es difícil no ver una sutil caricatura de familia aristocrática a la española en los temas de conversación de Isabel y Concha:

---

(14) Tampoco Bradomín es culpable de sadismo, pues no comete un solo acto sádico, aunque abuse tanto del término en su
fraseología modernista. Precisamente por ser, a pesar de las apa-
riencias y disfraces de estilo, un personaje fundamentalmente sano, Bradomín resulta mucho más humano y creíble que esos
otros héroes del Decadentismo tan insoportablemente artificiales
como el Stelio Èffrena de *Il fuoco* o el Des Esseintes de *À rebours*.

Hablaban de las tías devotas, viejas y acha-
cosas; de las primas pálidas y sin novio; de
aquella pobre Condesa de Cela, enamorada locamente de un estudiante; de Amelia Camara-
sa, que se moría tísica; del Marqués de Tor,
que tenía reconocidos veintisiete bastardos.
Hablaban de nuestro noble y venerable tío, el
obispo de Mondoñedo. ¡Aquel santo, lleno de
caridad, que había recogido en su palacio a la
viuda de un general carlista, ayudante del Rey!
(*O*, 160).

Pero el humor llega aun más hondo. Casalduero
ha escrito que el orgullo aristocrático de Bradomín
es vanidad, desplante, afectación. Es una soberbia
estéril; no le impulsa a emular las hazañas de sus antepasados. Es el hueco casi grotesco que deja el heroísmo al desaparecer. Este tema tan patético está
magníficamente ilustrado por el desembarco de Bradomín en Veracruz, donde se contrapone el esfuerzo
bélico y colonizador de sus abuelos a las únicas hazañas que Bradomín sabe realizar: conquistar a la
Niña Chole, que, además, necesita muy poco para
ser conquistada. La fuerte ironía del contraste se
marca con una abrupta yuxtaposición sintáctica: "Al
desembarcar en Veracruz, mi alma se llenó de sentimientos heroicos. Yo crucé ante la Niña Chole orgulloso y soberbio como un conquistador antiguo"
(*E*, 76). Bradomín, como todo Don Juan, es un pícaro
sexual, pero además es un pícaro en el sentido de
anti-héroe. Y como todo buen pícaro revela con cinismo, burla y melancolía su impotencia para hacer
cosas grandes. Cuando el General Bermúdez le arre-
bata la Niña Chole, el Marqués no opone resistencia,
y justifica con fanfarronadas amargas su egoísmo
o su cobardía: "Yo sentí una fiera y dolorosa altivez
al dominarme. Mis enemigos, los que osan acusarme
de todos los crímenes, no podrán acusarme de haber

122

reñido por una mujer" (*E*, 109). Al final de la *Sonata*, después de una reconciliación poco digna con la voluble criolla, también murmura farsanterías traspasadas de profunda amargura: "Aún cuando el pobre corazón sangraba un poco, yo la perdoné... Fuerza, sin embargo, es confesar que no he sido un héroe, como pudiera creerse" (*E*, 117). En medio de la misma *Sonata* mejicana nuestro anti-héroe se burla otra vez de sí mismo con un par de frases verdaderamente magistrales, llenas de finísimos ecos histórico-políticos: "Hoy, al contemplar las viejas cicatrices y recordar cómo fui vencido [por la Niña Chole], casi me consuelo. En una historia de España, donde leía siendo niño, aprendí que lo mismo da triunfar que hacer gloriosa la derrota" (*E*, 76). Aquí, condensado en esta irónica alusión a la patriotería del libro escolar, está todo el sentido derrotista del 98, el Desastre, el recuerdo de Méndez Núñez y su vacuo desplante ("Más vale honra sin barcos que barcos sin honra"). La historia de Juan de Guzmán, el bandido mejicano que en tiempos de Hernán Cortés podría haber sido un conquistador y fundador de un mayorazgo —sin dejar de cometer parecidos crímenes, sólo que en nombre del rey— también insinúa, casi vergonzantemente, un tema noventaiochesco, el del pasado glorioso, por el que se siente a la vez añoranza y repulsa (15).

Es, sin embargo, en la última *Sonata*, la de *Invierno*, donde Valle Inclán desenvuelve con mayor profundidad y riqueza de matices —serios, irónicos, regocijados, doloridos— el sentido finisecular antiheroico. Este sentido se cristaliza en torno al episodio

(15) Otro tema noventaiochista, el de la pobreza de España, aflora con levedad irónica en la *Sonata de Invierno*, cuando se comenta la escasez de comida en la mesa del Rey: «El Bearnés, su abuelo, soñaba con que cada uno de sus súbditos pudiese sacrificar una gallina. Don Carlos, comprendiendo que es una quimera de poeta, prefiere ayunar con todos sus vasallos» (*I*, 195). Véase también *I*, 187.

de la pérdida del brazo de Bradomín, en una emboscada alfonsina, sin pena ni gloria. El fatuo marqués hace esfuerzos ímprobos para mostrar valor cuando le cortan el brazo, da las gracias cómicamente a los que le admiran, pero llora en secreto. Después, su mayor preocupación es la de "hacer poética su manquedad" ante las mujeres, posar de héroe, decir frases rimbombantes a la Reina ("Dios no ha querido concederme el morir por vos"), a las que ésta responde con palabras igualmente vacuas y retóricas: "Los hombres como tú no necesitan de los brazos, les basta con el corazón" (*I*, 241). La preocupación mayor de los políticos del Desastre también había consistido en "hacer poética" la derrota con desplantes honrosos y flores retóricas.

El tema del Carlismo amplifica este complejo ideológico-psicológico. Bradomín trata a los carlistas y a don Carlos con una mezcla humanísima de cariño e ironía. Don Carlos VII es "el único príncipe soberano que podría arrastrar dignamente el manto de armiño, empuñar el cetro de oro y ceñir la corona de pedrería con que se representaba a los reyes en los viejos códices" (*I*, 182), lo cual equivale a reconocer que no sirve para nada en los tiempos que corren. Por otro lado, es un hombre noble, bondadoso y hasta irónico, como el mismo Bradomín. La aristocracia carlista está representada principalmente por personajes como la Volfani, gran ingenua que engaña a su marido, y que sin embargo es caritativa y hasta piadosa, o la Duquesa de Uclés, antigua bailarina, celestina en los tapujos eróticos del Rey, pero buena con los pobres y capaz de arruinarse románticamente por la Causa. Todo esto no está tan lejos como se cree del ambiente de la *Farsa y licencia de la Reina Castiza*, aunque visto con ironía mucho más humana y benévola. La descripción, en cambio, del accidente que sufre el enteco Volfani (*I*, 212-213) anuncia el grafismo macabro y cruel de *Divinas pa-*

labras. El clero carlista —frailes apicarados y tahúres, curas fanáticos y leales, o cobardes y untuosos— compone un cuadro de España negra, zuloaguesca, pero el pueblo, los soldados, las monjitas que cuidan de Bradomín, están retratados con afecto. Por una vez el "carlista por estética" piensa con entera sinceridad cuando escribe estas palabras:

> Yo confieso que admiro a esas almas ingenuas que aún esperan de las rancias y severas virtudes la ventura de los pueblos: las admiro y las compadezco, porque ciegas a toda luz no sabrán nunca que los pueblos, como los mortales, sólo son felices cuando olvidan eso que llaman conciencia histórica por el instinto ciego del futuro que está cimero del bien y del mal, triunfante de la muerte.

Y en seguida, al progresismo del 98, teñido, como vemos, de leve nietzscheísmo, sucede la nota nihilista y desesperada:

> Un día llegará, sin embargo, donde surja en la conciencia de los vivos la ardua sentencia que condena a los no nacidos. ¡Qué pueblo de pecadores trascendentales... qué pueblo de cínicos elegantes el que rompiendo la ley de todas las cosas... renuncie a dar la vida y en un alegre balneario se disponga a la muerte! (*I*, 209).

Fray Ambrosio cree que el Carlismo, que languidece en una guerra cansina y desilusionada, está traicionado por sus generales masones. Es el viejo maniqueísmo español. Bradomín sonríe y se burla del fraile, sin decir lo que verdaderamente piensa, pero sabe —porque lo ha padecido en su sangre— que la derrota del Carlismo no es más que un ejemplo del fracaso universal del heroísmo, cuyos resortes —con la Religión y el Amor— se han roto irreparablemente en el hombre finisecular.

* * *

Hasta ahora hemos visto cómo Valle Inclán pone a los temas de las *Sonatas* una especie de sordina irónica, que los hace sonar con un metal distinto, que los torna ambiguos e inquietantes. Lo mismo hace con su estilo, cuyo impacto queda también algo modificado: la pura emoción estética se empaña a veces de matices irónicos que acaban por resquebrajarla.

Las *Sonatas* son un mosaico de reminiscencias literarias y plásticas, un homenaje de entusiasmo estético a los autores predilectos de Valle Inclán y a los artistas de Italia y España, desde D'Annunzio a Cervantes, desde Fra Angelico a Velázquez: algo así como *L'Arcadia* de Sannazaro con respecto a Virgilio. Pero lo curioso es que este homenaje, sin dejar de ser entusiasta, está lleno de reflejos irónicos y esguinces humorísticos. Ya hemos visto cómo la *Sonata de Otoño* empieza con una levísima parodia de lenguaje romántico. Una suave rechifla anti-libresca se infiltra en otros muchos pasajes: "El favorito de Concha no era rubio ni melancólico, como los pajes de las baladas" (*O*, 136); "Confieso que mientras llevé sobre mis hombros la melena merovingia como Espronceda y como Zorrilla, nunca supe despedirme de otra manera" (*O*, 155); "...adoptaba una actitud lúgubre de poeta sepulturero y doliente" (*E*, 63). Después de todo, burlarse del Romanticismo es fácil y corriente, pero nos extraña más que Valle Inclán se atreva a poner en la pluma de Bradomín suaves pullas anti-modernistas (por lo visto no tenía bastante con las que le dirigían Melitón González y otros zafios "ingenios" de la época): "Los decadentismos de la generación nueva no los he sentido jamás" (*E*, 61);

"No te permito que poses ni de Aretino ni de César Borgia" (*O*, 131); "Mi noble amigo Barbey d'Aurevilly hubiera dicho de aquel pie que era hecho para pisar un zócalo de Pharos. Yo no dije nada, pero lo besé..." (*E*, 79); "...sólo dos cosas han permanecido siempre arcanas para mí: el amor de los efebos y la música de ese teutón que llaman Wagner" (16) (*E*, 98); "...con aquella sonrisa que un poeta de hoy hubiera llamado estrofa alada de nieve y rosas" (*E*, 116).

Desde la cumbre de la vejez, cuando escribe sus Memorias, Bradomín se ve a sí mismo en su juventud tumultuosa, navegando hacia Méjico "con ninguna experiencia y harta novelería", en la que cree ingenuamente (*E*, 61). Al llegar a la *Sonata de Invierno* ya está más desengañado: baqueteado por la edad y las miserias de la vida (acaba de hacer con el Rey una escapada sórdida, para ver a unas daifas, entre las que Volfani se ha quedado lelo con un ataque meningítico), ni siquiera un paseo en la noche, bajo la luna de los poetas, le sirve de alivio: "¡Ay, triste es confesarlo, pero para las almas doloridas ofrece la blanca luna menos consuelo que un albur!" (*I*, 215). No importa que Leopardi pensase de manera diferente. ¡De buena cosa le sirve a él la poesía en esos momentos de tristeza auténtica! Bradomín sigue hablando y pensando con su retórica habitual, preciosista y magnífica, y muchos le admiran por ello, pero pocos le creen. Maximina, la niña que le cuida en su convalecencia, se lo dice con franqueza: "No le creo a usted, pero me gusta mucho oírle... ¡Sabe usted decir todas las cosas como nadie sabe!" (*I*, 230). Eso es exactamente lo que piensa el lector: que la brillante oratoria del envejecido dandy suena cada vez más a divertida farsantería.

---

(16) Como es sabido, Wagner era admiración de los estetas a la moda.

Entre el fantasioso Marqués y Sor Simona también hay un choque irónico por cuestiones de retórica: al oír que los vecinos protestan porque sus soldados han cometido atrocidades en el pueblo, Bradomín se echa a sí mismo un discurso d'annunziano:

> Yo siento también que el horror es bello, y amo la púrpura gloriosa de la sangre, y el saqueo de los pueblos, y a los viejos soldados crueles, y a los que violan doncellas, y a los que incendian mieses, y a cuantos hacen desafueros al amparo del fuero militar. Alzándome en las almohadas se lo dije a la monja:
> —Señora, mis soldados guardan la tradición de las lanzas castellanas, y la tradición es bella como un romance y sagrada como un rito.

Pero la monja, con humilde aceptación de la realidad y llano lenguaje, deja en ridículo la fraseología estetizante del héroe: "Marqués, yo también se lo dije así... No con esas palabras, que no sé hablar con tanta elocuencia, pero sí en el castellano claro de mi tierra. ¡Los soldados deben ser soldados y la guerra debe ser guerra!" (*I*, 228-229).

Poco a poco podemos vislumbrar lo que significa esa ironía que se vuelve contra el propio estilo de Valle Inclán, contra la retórica decadente, contra la literatura en general: significa aguda conciencia de la artificiosidad del esteticismo, relativo hartazgo de su inhumanidad. Como la sensualidad cultivada, como el orgullo aristocrático, como el misticismo artificial de los decadentes, el esteticismo es ceniza volandera, fiebre mental que deja un vacío penoso. La literatura no sirve de nada a Bradomín cuando le llega la hora del dolor verdadero. Paradójicamente, esta idea se sugiere en una de las obras más esteticistas del siglo XX.

En la última escena de la *Sonata de Invierno*, la ambigüedad irónica alcanza altura cervantesca. Aunque diferentemente construido que el artificio de las menciones del primer *Quijote* dentro del segundo, este diálogo es un prodigio de ilusionismo literario: las Memorias futuras de Bradomín son las que tenemos entre las manos y acabamos de leer. Al mismo tiempo, el estólido obispo de La Seo de Urgel hace sin querer una crítica justísima de las *Sonatas* (que todavía no se han escrito), y su protagonista nos declara a medias el sentido de éstas:

La Reina me dijo sonriendo:
—Bradomín, serían muy interesantes tus memorias.
Y gruñó la Marquesa de Tor:
—Lo más interesante no lo diría.
Yo repuse inclinándome:
—Diría sólo mis pecados [...]
Y continuó el prelado en tono de sermón:
—¡Se cuentan cosas verdaderamente extraordinarias de nuestro ilustre Marqués! Las confesiones, cuando son sinceras, encierran siempre una gran enseñanza: recordemos las de San Agustín. Cierto que muchas veces nos ciega el orgullo y hacemos en esos libros ostentación de nuestros pecados y de nuestros vicios: recordemos las del impío filósofo de Ginebra. En tales casos, la clara enseñanza que suele gustarse en las confesiones, el limpio manantial de su doctrina, se enturbia...
...La plática del prelado sólo a mí parecía edificar, y como no soy egoísta, supe sacrificarme por las damas y humildemente interrumpirla:
—Yo no aspiro a enseñar, sino a divertir. Toda mi doctrina está en una sola frase: ¡Viva la bagatela! Para mí, haber aprendido a sonreír es la mayor conquista de la Humanidad (*I*, 242).

129

5

Más que esa declaración final del fin lúdico de la obra, y del importante papel que juega en ella la ironía —cosas, al fin y al cabo, demasiado obvias a lo largo de las *Sonatas*—, me interesa el acierto involuntario del obispo al definir las Memorias de Bradomín como "ostentación" de pecados y de vicios. En vez de hacer confesión sincera, Bradomín ostenta sus placeres y sus ansias, sus fantasías y su cinismo, su farsantería y sus ensueños. Todo revuelto, todo confuso, el sueño y la realidad, la pasión y el entusiasmo fingido, la belleza y el amaneramiento, la vida y la literatura. Lo que nos hace perdonarlo es su sonrisa, esa ironía a veces cínica y dura, a veces compasiva y melancólica, que se cierne sobre las locuras del mundo y sobre él mismo. Esa sonrisa nos hace compadecerlo, y nos hace compadecernos a nosotros mismos, porque todos tenemos nuestro poco de farsantes y de soñadores, de egoístas y de ingenuos, de héroes y de pícaros.

El lector de las *Sonatas* habrá notado que Valle Inclán asoma de vez en cuando en ellas disfrazado de Bradomín. También Valle Inclán tenía manías nobiliarias, también era "carlista por estética"; tampoco en su vida sabía diferenciar muy claramente el sueño de la realidad. Esta injerencia del autor en el narrador se nos revela además por pequeños detalles completamente objetivos: los "quevedos" que se ajusta Bradomín antes de luchar con el indio salteador, los bastonazos con que ataca al mismo, la "melena merovingia" de su juventud, sustituida luego por una "tonsura" al rape, la pérdida del brazo, que tuvo lugar en circunstancias aún menos gloriosas que las de Bradomín, y que Valle trató igualmente de "poetizar" con graciosas patrañas. Estos detalles no tienen en sí ningún valor, pues Bradomín no es de ninguna manera un personaje autobiográfico (17), pero contribuyen a resaltar el escondido subjetivismo de las *Sonatas*, que encierran la filosofía del hombre finisecular. Bajo ese caparazón de delirio estético y de ironía cínica adivinamos el humanismo angustiado y dubitante del 98. Como dice Casalduero: "En el Impresionismo, que ha heredado el materialismo de los naturalistas y también las ansias del Espiritualismo, se siente hondamente la divinidad del hombre y su caída" (*Op. cit.*, 208). Bradomín se burla de la religión, que no le ha servido de nada, ni siquiera para darle "el consuelo del remordimiento", pero envidia la fe de los sencillos (*I*, 231). Se burla de la sensualidad, que le ha dejado en el alma un poso de ceniza, pero nadie ha cantado como él la belleza del sexo y el arrebato de los sentidos ante la hermosura del mundo. Se burla de la imaginación y de la literatura, que son la mitad de su vida, como lo eran para Valle Inclán.

* * *

Aunque las *Sonatas* forman un todo orgánico, conviene recordar que no fueron escritas en el orden de las estaciones que les dan nombre, ni, por tanto, en el de las edades del hombre que representan. Valle Inclán comenzó por la de *Otoño* (1902), y siguió con las de *Estío* (1903), *Primavera* (1904) e *Invierno* (1905). Esta cronología tiene por fuerza repercusión en la obra, pues, a costa de bregar con sus temas y su protagonista, el autor se compenetra cada vez más con ellos y ahonda y afina su elaboración. Así, las *Sonatas de Otoño* y *Estío* son más crudas, librescas y estridentes que las dos restantes. Por una feliz coincidencia, esto contribuye a la veracidad psicológica del conjunto. La ficción de que Bradomín es-

(17) Para Meregalli, sin embargo, Bradomín es un desafío de V. I. hacia el público que le ignora, una forma de llamar la atención sobre sí mismo, «la reazione esasperata di un uomo misconosciuto, che dopo aver scritto una *Sonata de Otoño* cerca a lungo e invano un editore» (*loc. cit.*, 17).

cribe sus Memorias en edad provecta, como un recuerdo vívido pero lejano, no se hace enteramente
palpable en el tono de las cuatro partes, que no es
uniforme. El estilo y la concepción de las cuatro
Sonatas no corresponden por completo al momento
único en que se suponen escritas; corresponden, por
el contrario, a las diferentes épocas de la vida del
protagonista. El cinismo duro, petulante y jocundo
de las de *Otoño* y *Estío* va muy bien al período central de la vida del héroe, cuando éste, demasiado
blasé para asombrarse de nada y demasiado joven
todavía para sentir cansancio, se lanza desbocado
al goce de la vida, sin comprender el sufrimiento y
sin tomar la muerte demasiado en serio. En esas
dos primeras *Sonatas* es también donde el sadismo,
la impiedad, e incluso la melancolía resultan más librescos e inauténticos. La *Sonata de Primavera*, que
les sigue, introduce un nuevo tono, más reposado,
más terso. Está también atiborrada de literatura y
de arte, pero estos elementos están mucho mejor
asimilados y ensamblados. Es la que tiene menos
sarcasmos. Es también la más esteticista, pero justi-
ficadamente: el sueño de belleza, aspiración de in-
finitud, se depura en una estilización auténtica (18).
Bradomín, con la impresionabilidad de la juventud
temprana, tiembla de verdad en las noches estrella-
das del jardín italiano: tiembla de amor y de incertidumbre ante la vida. Se cree corrido, sabe enamorar sin traicionarse, pero se estremece ante la inocencia turbadora de María Rosario: esa pureza increíble, que él no comprende, pero que está viendo
con sus ojos. La Muerte —esta vez representada sin

---

(18) Siento disentir de Meregalli, quien, después de examinar
las muchas fuentes literarias de esta *Sonata*, la encuentra de una
«insincerità fantastica» (*loc. cit.*, 16). Para mí, a pesar de sus
muchos afluentes literarios, la *Sonata de Primavera* resulta mucho menos «libresca» que la de *Otoño*, en el sentido de que ninguna de sus situaciones adolece de la radical falsedad psicológica
que tiene el final de esta última.

truculencias de folletón— flanquea inexorable la *Sonata*: al principio alcanza a un viejo, al final a una niña. De ella cuelga en vilo el sueño de la juventud y de la vida, haciéndolo, por precario, más hermoso, más acuciante. Al recordar su huída del Palacio Gaetani, el "satánico" Bradomín no siente ninguna tristeza "depravada" ni "sutil": siente algo que el diablo (19) no puede experimentar, piedad humana:

> Al desaparecer bajo el arco de la plaza, volví los ojos llenos de lágrimas para enviarle un adiós al Palacio Gaetani. En la ventana, siempre abierta, me pareció distinguir una sombra trágica y desolada. ¡Pobre sombra envejecida, arrugada, miedosa, que vaga todavía por aquellas estancias, y todavía cree verme acechándola en la oscuridad! Me contaron que ahora, al cabo de tantos años, ya repite sin pasión, sin duelo, con la monotonía de una vieja que reza: ¡Fue Satanás! (*P*, 57).

Si leemos las *Sonatas* por el orden en que fueron escritas, ésta es la primera vez que el cínico Don Juan llora de veras.

La *Sonata de Invierno* es más humorística que la precedente, pero con un humor muy distinto de las bufonadas de *Otoño* y *Estío*. Ésta es también la única *Sonata* cuyo asunto no es exclusivamente erótico. Bradomín divide su atención entre el amor y la guerra. Pero... ¡qué amor y qué guerra! La campaña carlista, paralizada por el cansancio y los cabildeos de curas y generales, no puede inspirar entusiasmo más que a los muy ingenuos. Bradomín, y el mismo don Carlos, están convencidos de su fracaso y resignados a él. El Marqués, a fuerza de años, a fuerza de sentir el vacío de su propia vida, ha aprendido a sonreír con compasión. El cinismo se le ha quedado pegado a la cara, como una máscara, pero debajo de esa máscara se adivina un gesto más humano. Satiriza a los carlistas, pero los ama. Sus amores también son risibles: amores de un viejo con una mujer que ya peina algunas canas; con una adolescente feúcha que se va a meter monja. No tan risibles, sin embargo. La Volfani —amor sensual— todavía le puede dar una última llamarada de placer, que calienta mucho. No conviene desperdiciarla:

> María Antonieta era cándida y egoísta como una niña, y en todos sus tránsitos se olvidaba de mí. En tales momentos, con los senos palpitantes como dos palomas blancas, con los ojos nublados, con la boca entreabierta mostrando la fresca blancura de los dientes entre las rosas encendidas de los labios, era de una incomprable belleza sensual y fecunda (*I*, 204).

Una experiencia así es una cosa bien real y valiosa, incluso para un viejo; sobre todo para un viejo.

Precisamente por ser viejo, precisamente por sentir que "todo el pasado, tumultuoso y estéril, echaba sobre mí, ahogándome, sus aguas amargas" (*I*, 215), Bradomín necesita más que nunca el amor de la novicia: necesita que le compadezcan, que le miren con ternura inocente, que le admiren. Precisamente por no ser un héroe necesita que los demás lo crean tal. Y a esas alturas, la única que puede ver heroico a Bradomín es una niña ingenua. Su idilio con ella, erizado de viejos cinismos y marrullerías, sombreado por la sordidez del incesto incumplido y sospechado, es una de las cosas más finamente patéticas que se han escrito en lengua española. Al adivinar la muerte de Maximina, la emoción del triste seductor se aprieta como un puño en unos cuantos gestos y sensaciones, casi los mismos del final de la *Sonata de Primavera*: mirar a una ventana, sentir los ojos arrasados de lágrimas, oír en el cerebro el martilleo de un estribillo obsesivo:

> Al remontar un cerro me volví enviando el último suspiro al viejo caserón donde había encontrado el más bello amor de mi vida. En los cristales de una ventana vi temblar el reflejo de muchas luces, y el presentimiento de aquella desgracia que las monjas habían querido ocultar cruzó mi alma con un vuelo sombrío de murciélago. Abandoné las riendas sobre el borrén y me cubrí los ojos con la mano para que mis soldados no me viesen llorar. En aquel sombrío estado de dolor, de abatimiento y de incertidumbre, a la memoria acalenturada volvían con terca insistencia unas palabras pueriles: ¡Es feúcha! ¡Es feúcha! ¡Es feúcha! (*I*, 235).

Todavía el viejo cínico intenta volver al calor sensual de la Volfani, a exhibir su manquedad en la corte de Estella, a ironizar sobre la Causa, a prolongar la comedia de su derrota vital. Pero ya las puertas de la vida se le van cerrando, una tras otra. Al cerrarse la última, la de María Antonieta Volfani, Bradomín se despide del lector con un final, doloroso sarcasmo de impresionante sencillez estilística:

> Al trasponer la puerta sentí la tentación de volver la cabeza y la vencí. Si la guerra no me había dado ocasión para mostrarme heroico, me la daba el amor al despedirse de mí, acaso para siempre (*I*, 247).

* * *

¿Quién dijo que las *Sonatas* eran inhumanas? Estas cuatro novelitas, que podrían haber sido un ejemplo más de tanta trivialidad estetizante acarreada por la época, encierran todo el desasosiego moral del humanismo noventaiochesco. El haz de las *Sonatas* lo constituye su sueño de belleza imposible; el envés, el fracaso de esa aventura estética; y su entramado irónico es el canto de la moneda, lo que nos lleva a la otra cara y nos permite apreciar su densidad. Estética y humor, verdad y fantasía, literatura y vida se funden en ellas en aleación indestructible. Unamuno —que sabía un rato de cómo la sinceridad se puede convertir insensiblemente en farsantería y viceversa— escribió que Valle Inclán "hizo de todo muy seriamente una gran farsa". Y así es. Como el *Quijote* —cumbre y parodia de la novela caballeresca—, las *Sonatas* de Valle Inclán —cima y, al mismo tiempo, mueca irónica del Modernismo— son una farsa muy seria.

VIII: SOBRE EL FONDO IDEOLOGICO
DE LAS *SONATAS* DE VALLE-INCLAN

¿Por qué ocuparse a estas alturas de las *Sonatas*, obra que tiene tan mala prensa en el valleinclanismo actual? Después de todo, su mismo autor, poco antes de su muerte, había dicho al Dr. García-Sabell: "¡Las Sonatas! Olvidémoslas. Son solos de violín (1)". La crítica —con la excepción de Casalduero (2) y pocos más— ha tendido a ver en ellas una actitud demasiado esteticista y artificiosa, que las hace indignas de comparación con las obras tardías del gran gallego. Pero no hay que olvidar que el calificar a una obra de esteticista no es bastante para despacharla como poco importante o poco seria. Detrás de la estética está siempre la ética. Al encontrar una cosa "bella", el escritor también la encuentra "buena", no necesariamente en un sentido moral aceptado por sus lectores, pero sí en un sentido vital. En literatura, al menos, lo estético no es nunca una categoría químicamente pura ni aislable por completo de otras. Así, es fácil ver que la inmoralidad de los llamados decadentes era un intento de edificar una nueva moralidad; fracasado intento, tal vez, pero no por ello dejaba de ser una auténtica

_____

(1) D. García-Sabell, «Españoles mal entendidos; Don R. del V. I.», en *Insula*, XVI (1961), Nos. 176-177, p. 19.
(2) J. Casalduero, «Elementos funcionales en las *Sonatas* de V. I.», en *Estudios de Literatura Española*, 2.ª ed. (Madrid, 1967), pp. 258-275.

aventura espiritual, más o menos enraizada a la vida de los que la emprendieron. Las *Sonatas*, en efecto, a pesar de su esteticismo y su artificiosidad —y también a causa de estos mismos rasgos— traslucen mucho del Valle Inclán íntimo en la época en que las escribió. Y por ser una obra temprana, de principios del siglo, reflejan asimismo la ideología que Valle tenía en común con otros escritores del 98, en ese tiempo de tanteos y dudas, de busca inquieta de valores. Al bautizar con el nombre de Impresionismo la literatura del novecientos, Casalduero no se refiere solamente al uso de una técnica simbolista, sino a una actitud espiritual de amplísimas resonancias: "La voluntad y la observación del Naturalismo han sido sustituidas por la inteligencia y la intuición. La seguridad ha dado lugar a la indecisión (3)". Más que elaborarse un sistema de ideas coherente y compacto, los novecentistas se mueven fluidamente entre solicitaciones igualmente atractivas; la inconsecuencia es su lema; también en el terreno de las ideas y de los valores se entregan al impresionismo, a la sugerencia: decir y desdecirse, huír y atacar, negar y difuminar la negación en un esbozo de aserto. Y, sobre todo, no expresar los resultados, las conclusiones del pensamiento —puesto que el pensamiento queda siempre abierto, inconcluso— sino su proceso mismo, su fluír y refluír entre lo uno y lo otro. En este sentido, las *Sonatas* son la obra más noventaiochista de Valle, mucho más que las tardías o esperpénticas, donde el escritor ha tomado por fin —a los sesenta años, más o menos— una postura cristalizada, dura, erizada de puntas penetrantes.

Para mí las *Sonatas* son el primer libro en que Valle proyecta, de una forma velada pero enérgica,

(3) J. Casalduero, *loc. cit.*, p. 273.

138

incluso agresiva, su personalidad (4). En sus obritas anteriores había —es verdad— muchos rasgos originales, reveladores de sus vetas más hondas y luego fructíferas, pero todo a retazos, por tanteos y trompicones. En las *Sonatas* se han reunido todos esos fragmentos, con un gran esfuerzo artístico, sintético, con una terrible voluntad de expresión total. No quiero decir que en las *Sonatas* esté *todo* Valle.-Inclán, todo como le conocemos hoy. Ni mucho menos. Pero sí está entero el Valle-Inclán de entonces (y el de algunos años después), gritando a los cuatro vientos: ¡Aquí estoy yo! Todos los noventaiochistas, con su culto del individualismo y de la personalidad, habían hecho lo mismo: Benavente en *La comida de las fieras* (con su sosia literario, Tomillares); Unamuno en *Paz en la guerra* (Pachico Zabalbide) o quizás mejor en *Amor y pedagogía,* donde ya no es ningún personaje, sino el Maese Pedro de su retablo; Baroja se define por primera vez en las *Aventuras de Silvestre Paradox* (1901), la primera obra inconfundiblemente barojiana, después de las vacilaciones de *Vidas sombrías* y de esa extraña novela dialogada, tan postiza, que es *La casa de Aizgorri.* José Martínez Ruiz se busca a sí mismo en *La voluntad, Antonio Azorín,* y se encuentra en *Las confesiones de un pequeño filósofo,* hasta el punto de que de ahora en adelante adopta como seudónimo el nom-

---

(4) En este ensayo me limito a reproducir —con algunas modificaciones— una modesta conferencia pronunciada en la Universidad de Nottingham, el 2 de marzo de 1972. En él me propongo solamente aventurar una serie de interpretaciones personales de las *Sonatas,* aunque apoyadas por fuerza en no pocos juicios ajenos y ya casi mostrencos, y sin espacio suficiente, además, para desarrollar a fondo y con detalle los temas que rozo. Pido, pues, la indulgencia del lector para este imposible intento de abrir un coco con un cascanueces, según la acertada frase de mi buen amigo y colega J. M. Aguirre, a quien agradezco de verdad la inteligente crítica y sagaces sugerencias que me ha brindado después de leer mi manuscrito. Mi única esperanza es, pues, excitar las ideas —aunque sea por antagonismo— de otros valleinclanistas más concienzudos y reposados que yo.

bre de su protagonista. Incluso ponen estos escritores en medio de la novela un pequeño autorretrato
físico: Baroja, sus barbuchas rubias, su calva pre-
matura y su nariz torcida; Azorín, su paraguas rojo
y su monóculo de carey; Valle-Inclán, su "melena
merovingia" seguida por la "tonsura casi clerical",
los "quevedos" que se afirma Bradomín al luchar
a bastonazos con el indio ratero, su brazo cortado.
La diferencia es que los primeros vierten en esos
libros trozos literales de su vida real, y el flujo constante de sus ideas en forma casi ensayística, mientras que el último reclama el derecho a soñarse a sí
mismo, proyectándose en una acción totalmente in-
ventada. Pero en el tono, en esa voz "engolada y
magnífica", está todo él.

Para Meregalli, la creación de Bradomín es "la
reazione esasperata di un uomo misconosciuto, che
dopo aver scritto una 'Sonata de Otoño' [en los fragmentos de *El Imparcial*] cerca a lungo e invano un
editore" (5). Es, pues, un desafío cara al público, un
presentarse osadamente, un quitarse la máscara,
echando al suelo la pretendida impersonalidad de
que trataba de revestirse el escritor del siglo XIX,
quien incluso se escondía tras el "nosotros" cuando
quería decir "yo". Quitarse la máscara... y ponerse
otra, pues, al quererse crear una personalidad literaria, se crea también una careta, una *persona* en
el sentido etimológico y teatral del término, una
cara pública que es y no es al mismo tiempo su cara
verdadera. Osadía que oculta a medias su debilidad
interna, su inseguridad moral; "ese doble juego impresionista —escribe Casalduero— de ocultar y expresar constantemente el yo, de expresarlo hasta
cuando se oculta, de ocultarlo hasta cuando se expresa, esto es, de hacer siempre poesía de la realidad" (6). Resulta paradójico que Valle-Inclán sea

---

(5) Franco Meregalli, *Studi su R. del V. I.* (Venecia, 1958), p. 17.
(6) J. Casalduero, *loc. cit.*, p. 273.

más auténtico, esté más desnudo, en las obras dialogadas posteriores, donde la acción toma forma dramática y el autor se retira, que en las *Sonatas*, donde habla en primera persona por boca de Bradomín; pero es que, incluso en las *Comedias bárbaras*, Valle ya ha madurado y se ha liberado de muchas incertidumbres; por no sentir esa necesidad imperiosa de afirmarse, ese nerviosismo del novel, se presenta con mucho mayor aplomo. Bradomín es ciertamente una proyección del yo de Valle, pero una proyección fuertemente imaginativa, fantaseada y arropada en literatura propia ...y ajena. En ninguna otra obra suya son tan abundantes ni extensos los "plagios". Hemos hablado de agresividad, de presentarse enfáticamente cara a un público pacato y filisteo. Precisamente por ese afán de afirmarse, se le va la mano, y exagera algunas cosas que él no sentía quizás muy íntimamente —o que sintió de una forma pasajera, luego profundamente modificada—, pero que estaban en el ambiente literario de la *avant garde* y que le garantizaban el escándalo, el *épater le bourgeois* (7). Estas cosas desorbitadas en las *Sonatas* son sobre todo tres:

1) El erotismo, algo desmesurado, insistente y empalagoso, casi puramente cerebral. En *Otoño*, por ejemplo, una vez que se crea —con gran fuerza y rapidez, como todo en Valle— esa atmósfera erótica peculiar que liga a Bradomín y a Concha, parece como si el autor no supiese ya qué hacer con ella, y simplemente la alarga, la prolonga con insignificantes variaciones: paseos por el jardín, besos en el mirador, cenas en la intimidad... Tal vez por esa excesiva preponderancia de lo erótico dijese luego Valle que las *Sonatas* eran solos de violín, variacio-

_____

(7) Véase el fino y detallado estudio de G. Sobejano, «*Epater le bourgeois* en la España literaria del 1900», en *Forma literaria y sensibilidad social*, (Madrid, 1967), pp. 178-223.

nes sobre un mismo tema, monótonamente repetido. Lo mismo se puede afirmar de *Estío*, aunque no de *Primavera* e *Invierno*, las más maduras y tardías de la serie. Ese erotismo, además, trata de disfrazarse de sensualidad perversa, sin serlo. Se ha notado que Bradomín es un tipo fundamentalmente sano en sus actos, aunque hable de perversiones con retórica y regusto decadentes ("el magnífico pecado de las tragedias griegas", "el amor de los efebos", "el divino marqués de Sade", etc.) e incluso las vea a su alrededor. En la mente del novelista ello es sin duda un fantaseo tentador, "muy saturado de literatura y de Academia Veneciana" como la Volfani, no una experiencia.

2) La crueldad estética, la belleza de la violencia, muy imbuida del espíritu de Nietzsche, probablemente filtrado por D'Annunzio (8). Hay que reconocer que el deleite en la brutalidad es uno de los rasgos más tenaces y característicos de Valle, y no sólo en la época de las *Sonatas*, pero es el acento y el enfoque moral el que varía de modo notable con los años. El gusto más bien repugnante de Bradomín por "la púrpura gloriosa de la sangre, y el saqueo de los pueblos, y los viejos soldados crueles, y los que violan doncellas, y los que incendian mieses, y cuantos hacen desafueros al amparo del fuero militar" deja paso al despotismo hospitalario de Montenegro, protector de sus criados y redentor de los miserables; las campesinas a las que hace concubinas suyas se sienten honradas por los favores del señor, e incluso sus hijos ilegítimos se enorgullecen de serlo. Mucho más camino hemos andado cuando llegamos a *Tirano Banderas*, la más tajante condenación de la violencia tiránica que se ha escrito jamás. En las *Sonatas* mismas, la crueldad está más

---

(8) Véase G. Sobejano, *Nietzsche en España* (Madrid, 1967), pp. 213-227.

en la fantasía de Bradomín que en sus verdaderos sentimientos; los soldados que motivan esa parrafada d'annunziana no han violado ni hecho correr la sangre; sus crímenes son más bien tropelías de borrachos vulgares (apalear al que les niega el vino, subir un caballo a un piso alto). En la famosa escena del negro destrozado por los tiburones, la que promueve el espectáculo y goza de él es la Niña Chole; Bradomín se horroriza, aunque en seguida siente —o imagina sentir— una "voluptuosidad depravada y sutil".

3) La burla irreligiosa, que luego Valle quizás consideró inmadura, síntoma de tensiones después superadas, pues el caso es que no se vuelve a repetir con el tono que tiene en las *Sonatas*. Sus obras posteriores contienen ataques anticlericales (el sacristán de *Divinas palabras*, el Abad de Lantañón en *Cara de Plata*, o la "monja de las llagas" del *Ruedo Ibérico*), pero no contra la religión en sí. Sobre esto volveré más adelante.

Al dar como título de este ensayo "Sobre el fondo ideológico de las *Sonatas*" quiero decir exactamente esto, el *fondo*, no la superficie, no la estructura imaginativa que son las memorias de Bradomín intencionalmente, sino su subsuelo, lo que las soporta y sostiene, que es, claro, la ideología de Valle en esa época; ideología que sólo se transparenta leyendo entre líneas, se escapa por resquicios, acá y allá. Todo ello hay que cogerlo al oído, como un rumorcillo subterráneo; se adivina en el matiz y el contexto, en la ironía de las situaciones o las palabras, pues se trata de una revelación musitada en la ambigüedad, forma suprema del simbolismo. Y ese fondo ideológico es —en eso quedamos— un juego de tensiones entre valores opuestos, un sistema dinámico, inestable e incluso paradójico, un constante afirmar y minar lo afirmado con la duda.

"¡Mi amor adorado, estoy muriéndome y sólo deseo verte!" ¡Ay! Aquella carta de la pobre
Concha se me extravió hace mucho tiempo.
Era llena de afán y de tristeza, perfumada de
violetas y de un antiguo amor.

Así comienza, con un gran diapasón romántico, la
Sonata de Otoño, la primera que escribió Valle-Inclán. Y así se introduce, desde la primera línea, el
tema central de toda la serie, la conjunción del amor
y la muerte, del sexo y la destrucción. Pero no voy
a ocuparme ahora de ese tema central, sino de otros
subtemas o motivos que se entrelazan a él íntimamente. Lo que pudiéramos llamar la orquestación de
la melodía básica, que se realiza por medio de tres
instrumentos: el orgullo aristocrático, la decadencia
del heroísmo, la irreligión. El primero hace a Bradomín un amante narcisista, un "cisne que pasea su
blancura inmaculada, su grácil esbeltez, sintiendo
agudamente la diferencia entre su aristocracia y
cuanto le rodea" (Casalduero); el segundo explica la
situación del protagonista como ejecutor de proezas
carnales, a falta de hazañas marciales o políticas;
el tercero pone el tema de lo erótico contra el fondo
de la rebeldía metafísica, tan tradicional en la literatura donjuanesca. Los tres son "elementos funcionales", sin los cuales el conjunto resultaría una música del todo diferente. Pero lo que me interesa aquí
no es su funcionalidad en la obra, sino lo que revelan del autor, su sótano ideológico. Vamos, pues, a
examinarlos por separado, brevemente:

A) El Palacio de Brandeso es un palacio donde
hay manzanas puestas a secar en los alféizares de
las ventanas, donde se hila la lana, donde se ven,
en el zaguán, grandes arcones para recoger el grano
de los foros o rentas. Es decir, es una mansión aristocrática pero también rural. Es el símbolo de una
nobleza que tiene sus raíces en la tierra, que no

144

vive solamente del pueblo sino con el pueblo y formando parte de él. Antes de llegar al Palacio, nos enteramos de que Concha es una propietaria generosa, que perdona la renta a sus molineros en años de sequía. Bradomín también es generoso, cuando acaso no debería serlo mucho, pues su fortuna consiste principalmente en legajos de pleitos. Odia a los mercaderes "herejes" que le acompañan en el barco donde navega a Méjico: "La raza sajona es la más despreciable de la tierra". La herejía de estos nórdicos pelirrojos que le hacen sentir "la vergüenza zoológica" no es el protestantismo, sino el espíritu mercantil, el capitalismo. O sea, Valle-Inclán está comenzando a hacer la apología de esa España arcaica, paternalista, precapitalista, que tan magníficamente ha descrito J. A. Maravall (9). Para él, en esa época, eso no es sólo una afición estética, es un sentimiento profundamente arraigado y una valoración de la situación social cambiante que había visto en la Galicia de su niñez. Si a nosotros nos parece retrógrada, no olvidemos que ni Valle ni nadie había visto vivir mejor a los campesinos bajo el régimen liberal-burgués creado por la desamortización. Si acaso, vivían peor y más explotados que antes, bajo los mayorazgos y los conventos. En *La dama errante* Baroja se indignaba de la miseria producida en el campo por el cerramiento de fincas y la desaparición de las tierras comunales, así como de la brutalidad con que la guardia civil reprimía las más mínimas infracciones contra la propiedad. Por eso Valle acentúa y ensancha durante mucho tiempo esa actitud que habría que llamar populista —ya que la palabra "democrática" resulta inexacta por sus connotaciones parlamentarias— y, poco después de terminar las *Sonatas*, abandona a Bradomín (demasia-

(9) J. A. Maravall, «La imagen de la sociedad arcaica en V. I.», en *Revista de Occidente*, XV (1966), pp. 225-256.

do cosmopolita y frívolo) para exaltar a Montenegro, el hidalgo rural, el hidalgo-pueblo, que es mucho más "su tipo" (10). En las novelas de la guerra carlista no se ocupa de los generales, ni de los políticos, ni de los obispos; ni siquiera aparece el rey. Para él la causa carlista es la causa del pueblo, la defensa tenaz de la España antigua contra la monarquía liberal, el mercantilismo y la burocracia. Por eso hace decir a don Juan Manuel que, si no fuese tan viejo, hubiera levantado una partida, no por un rey ni por un emperador, "sino para justiciar esta tierra donde han hecho camada raposos y garduñas. Yo llamo así a toda esa punta de curiales, alguaciles, indianos y compradores de bienes nacionales, a toda esa ralea de tiranos asustadizos a quien dio cruces y grandezas Isabel II".

Apenas es necesario añadir que Valle-Inclán no era el único en tomar esa actitud, al menos en lo que respecta a su lado negativo, de odio a la sociedad burguesa. También Ganivet, Maeztu, Baroja y Azorín —antes de su conversión al conservadurismo—, despreciaban a la democracia parlamentaria y a todo lo que ésta representaba. La diferencia —fundamental— es que mientras éstos miran al futuro, a un futuro anarquizante (la "aurora roja" del novelista donostiarra) o de dictadura progresista (*César o nada*), Valle mira hacia atrás, a una sociedad fuertemente jerarquizada. Si en esto era Valle retrógrado, también sería injusto acusarle, como hicieron Ortega y otros de sus contemporáneos, de total indiferencia por la situación social de su país. En este

(10) Véase G. Gómez de la Serna, «Del hidalgo al esperpento pasando por el dandy», en *Cuadernos Hispanoamericanos*, LXVII (1966), pp. 148-174. Antes de las *Sonatas*, Valle-Inclán había esbozado el tipo de hidalgo rural justiciero que luego cristalizaría en Montenegro con el Don Manuel Bermúdez y Bolaño de «Mi bisabuelo», cuento recogido en la segunda edición de *Jardín umbrío* (1914), pero seguramente muy anterior a esta fecha, como todos los de esa colección.

caso —una vez más— la actitud estética respondía a una valoración ética.

Pero no para ahí la cosa. El parecido entre Valle y sus coetáneos es mayor y más complejo de lo que parece a primera vista, pues al encararse con el problema de España, los otros noventaiochistas muestran tantas ambivalencias, ambigüedades y contradicciones como el primero. Cuando se debatía la cuestión de la europeización de España (que en el fondo era la de su industrialización), Baroja comentó así el libro de su amigo Ramiro de Maeztu titulado *Hacia otra España* (1899):

> Maeztu ...nos trae sus entusiasmos anglosajones y nietzscheanos por la fuerza, por el oro, por las calles tiradas a cordel, y a nosotros nos enternece la debilidad, la pobreza y las callejuelas tortuosas, oscuras y en pendiente. Nos canta Bilbao, a nosotros que no pensamos más que en Toledo y en Granada, y que preferimos el pueblo que duerme al pueblo que vela... Yo que no pienso, y casi podría añadir que ni quiero ser nada en la vida, miro a Maeztu como un paralítico podría mirar a un gimnasta; me asombra su decisión, su acometividad y su fuerza, pero no le sigo. Es más: el día en que esa nueva España venga a implantarse en nuestro territorio con sus máquinas odiosas, sus chimeneas, sus montones de carbón, sus canales de riego; el día en que nuestros pueblos tengan las calles tiradas a cordel, ese día emigro, no a Inglaterra ni a Francia..., a Marruecos o a otro sitio donde no hayan llegado esos perfeccionamientos de la civilización (11).

(11) P. Baroja, *Obras Completas* (Biblioteca Nueva), VIII, página 862.

¿Qué otra cosa hace Azorín, sobre todo a partir de *Los pueblos* (1905), sino defender la vida arcaica de los campos y villorrios presentándonosla como supremamente civilizada y sabia en su sencillez? ¿Y Unamuno, que comenzó abogando por la europeización de España para acabar diciendo que había que españolizar a Europa?

Si estos autores acompañan a Valle en su amor al pasado, tampoco Valle deja de acompañarles a ellos, e incluso dejarles rezagados, al vislumbrar la necesidad de drásticos cambios sociales. Desde que, en 1892, elogia a Pablo Iglesias y a Salmerón desde las columnas de *El Universal* de Méjico, hasta que, en *Romance de lobos*, anticipándose a las obras más subversivas posteriores a 1920, incita Montenegro a las huestes de mendigos a tomarse la justicia por su mano "incendiando las mieses y envenenando las fuentes", resulta imposible imaginarse un Valle-Inclán exclusiva y estéticamente embobado en las "bernardinas" que le atribuía Ortega. Pero lo más curioso es que en las mismas *Sonatas*, en la de *Invierno*, Valle levanta fugazmente el velo de su arcaísmo para susurrarnos que no cree en la tradición:

> Yo confieso —dice Bradomín de los carlistas fanáticos— que admiro a esas almas ingenuas que aún esperan de las rancias y severas virtudes la ventura de los pueblos: las admiro y las compadezco, porque ciegas a toda luz no sabrán nunca que los pueblos, como los mortales, sólo son felices cuando olvidan eso que llaman conciencia histórica, por el instinto ciego del futuro que está cimero del bien y del mal, triunfante de la muerte (12).

---

(12) Reléase este pasaje entero de la *Sonata de Invierno*, lleno de resonancias nietzscheanas, como nota G. Sobejano, *Nietzsche en España*, p. 217.

¡Ahora resulta que hasta Bradomín saludaba al progreso!

Otro aspecto importante del aristocratismo de nuestro héroe es el dandysmo, tan bien estudiado por Verity Smith (13). El dandy es el aristócrata que afirma agresivamente su aristocracia precisamente porque sabe o siente que la nobleza ya no tiene una misión social que cumplir, e intuye su inutilidad y su parasitismo, sin dejar por eso de sentirla como su posesión espiritual más preciada, su yo más íntimo, lo que le distingue de la vulgaridad ambiente. Se trata, pues, de una actitud crepuscular, incierta, en absoluto dependiente de la sensibilidad, y, como tal, admirablemente adecuada al tratamiento simbolista. Eso es Bradomín. Su insistencia en su alta cuna —los blasones, el parentesco de obispos y mariscales, las genealogías absurdas de su tío Juan Manuel, los brillantes uniformes de zuavo pontificio, de guardia noble, el hábito de Santiago, etc.— todo resulta sospechoso. Un hombre que nos recuerda tan a menudo su nobleza no está muy seguro de que su nobleza tenga gran valor, y mucho menos de que nosotros —los demás— se lo reconozcamos. Esta falta de convicción, esta inquietud del dandy queda magníficamente ilustrada en la *Sonata de Invierno* cuando Don Carlos le ruega: "—Oye, dinos el soneto que has compuesto a mi primo Alfonso. Súbete a esa silla—"; y Bradomín, inclinándose: "—Señor, para juglar nací muy alto". Eso es justamente lo que sentimos nosotros, sus lectores, que Bradomín es poco más que un juglar vagabundo, decidor, ingenioso, figurón de actitudes gallardas. A pesar de ser tan linajudo, no nos parece que tenga gran cosa que realizar en su vida. Y sin embargo esa mentira ("el lustre en los carcomidos escudones") es la "mentira

---

(13) Verity Smith, «Dandy elements in the Marqués de Bradomín», en *Hispanic Review*, XXXII (1964), pp. 340-350.

vital" del 98, mentira íntima, que se siente en la sangre, aunque uno se burle de ella donosamente. Es un error creer que el Valle-Inclán de los esperpentos se había arrancado del corazón el dandysmo de Bradomín. ¿Por qué aparece entonces una y otra vez, en *Luces de bohemia*, en *El Ruedo Ibérico*? Entre la jactancia del seductor de Concha y la fatuidad de Torre-Mellada —ambos coleccionistas de hábitos, títulos, vanidosos plumeros— no hay mucha diferencia en lo externo, pero la hay, y enorme, en la inspiración que les dio la vida. Torre-Mellada es fruto del odio o del desdén —es "los demás"—, la plebe blasonada, incapaz de distinción espiritual de ninguna clase. Bradomín es siempre Valle, ahilado, adelgazado por los años, la vivencia del yo pretérito, quizás de un yo muerto, si es que algún yo puede nunca morir por completo.

B) El subtema de la aristocracia es inseparable del de la decadencia del heroísmo. Bradomín siempre se está quejando de haber nacido en una edad antiheroica, donde su orgullo aristocrático no puede tener pleno sentido. A veces esta queja toma la forma de pequeñas frases irónicas, en que se percibe claramente el contexto histórico que les da resonancia, la conciencia de la decadencia nacional: "Hoy, al contemplar las viejas cicatrices y recordar cómo fui vencido [por la Niña Chole], casi me consuelo. En una historia de España, donde leía de niño, aprendí que lo mismo da triunfar que hacer gloriosa la derrota", frase que recuerda el vano desplante del almirante Méndez Núñez tras la batalla de El Callao: "Más vale honra sin barcos que barcos sin honra". Al desembarcar en Veracruz, después de evocar las glorias de sus antepasados, que fundaron el reino de Nueva Galicia, apena el contraste con la escasa capacidad heroica del protagonista: "Yo crucé ante la Niña Chole orgulloso y soberbio como un conquistador antiguo". Lo único que Bradomín sabe conquistar es una mujer sensual y fácil como la Niña.

En esa *Sonata de Estío* se hace hincapié a menudo sobre la decadencia del heroísmo, sobre todo al comparar al bandolero Juan de Guzmán (y a muchos otros jarochos, plateados, caballistas de toda laya) con los conquistadores de Indias:

> Juan de Guzmán en el siglo XVI hubiera conquistado su Real Ejecutoria de Hidalguía peleando bajo las banderas de Hernán Cortés. Acaso entonces nos dejase una hermosa memoria aquel capitán de bandoleros con aliento caballeresco, porque parecía nacido para ilustrar su nombre en las Indias saqueando ciudades, violando princesas y esclavizando emperadores... Era hermoso como un bastardo de César Borgia. Cuentan que, al igual que aquel príncipe, mató siempre sin saña, con frialdad, como matan los hombres que desprecian la vida, y que sin duda por eso no miran como un crimen dar la muerte. Sus sangrientas hazañas son las hazañas que en otros tiempos hicieron florecer las epopeyas. Hoy sólo de tarde en tarde alcanzan tan alta soberanía, porque las almas son cada vez menos ardientes, menos impetuosas, menos fuertes. ¡Es triste ver cómo los hermanos espirituales de aquellos aventureros de Indias no hallan ya otro destino en la vida que el bandolerismo!

Nótese cómo equipara psicológicamente a Hernán Cortés con Juan de Guzmán. El primero es tan salvaje y tan cruel como el segundo (Valle ve la historia pasada por el colador de Nietzsche); la diferencia es que el primero violaba, saqueaba y mataba en nombre del Rey, es decir, formando parte de una em-

151

presa colectiva inspirada por ideales políticos y religiosos. El segundo, solamente por dinero y rebeldía antisocial. Al final de *Estío* muere otro bandido (¿o el mismo?) que quería sublevar a Méjico por Don Carlos, pero la empresa, totalmente en desacuerdo con la realidad social, no era más que un sueño romántico. Lo que le ha faltado a Juan de Guzmán no es el ánimo, sino el marco colectivo en que ese ánimo se puede ejercer fructíferamente; no el valor, sino el espíritu de los tiempos heroicos, la conciencia mancomunitaria en que se tiene que insertar la voluntad individual para realizarse plenamente (14).

En la *Sonata de Invierno*, Bradomín, ya viejo, cansado de vagabundear (la mayor parte de su vida la pasa "en la emigración"), se acerca a Navarra para unirse a las filas carlistas. Tal vez esa pequeña y anacrónica sociedad eclesiástico-militar conservaría algún resto del pasado heroísmo, "el resplandor de la hoguera". Pero la desilusión es también completa. Al carlismo le falta el timón, la cabeza: sus dirigentes, intrigantes y cobardes, quieren ganar la guerra a fuerza de trisagios. Como dice el fraile-guerrillero Fray Ambrosio, "los generales alfonsistas huyen delante de nosotros, y nosotros delante de los generales alfonsistas. Es una guerra para conquistar grados y vergüenzas". Los únicos vestigios de activismo se encuentran entre los cabecillas anárquicos y fanáti-

---

(14) Interpreto el pasaje de esta forma porque es la única que me parece tener sentido. Valle-Inclán se contradice al llamar a los bandoleros «hermanos espirituales» de los conquistadores, después de haber afirmado que sus almas son «menos ardientes, menos impetuosas, menos fuertes» que las de antaño. ¿En qué quedamos? Sospecho que Valle, arrastrado un tanto a ciegas por la interpretación nietzscheana de la historia, habla sólo de individuos señeros cuando en realidad «siente» que la falta de heroísmo no se debe a la escasez de héroes en potencia, sino al ambiente mezquino de los tiempos, es decir, a la sociedad de sus días, lamentación que se repite constantemente en *Estío* e *Invierno*. Tal suposición queda confirmada en la primera línea del mismo párrafo que acabamos de citar: el bandido Guzmán «*en el siglo XVI*, hubiera conquistado su Real Ejecutoria de Hidalguía, etc.».

cos como Santa Cruz, es decir, casi al mismo nivel que el de los plateados mejicanos. Los soldados voluntarios, las abnegadas monjitas y campesinos que los alimentan, son un pueblo acéfalo, traicionado, muerto de cansancio por la inutilidad de su esfuerzo. Don Carlos, por el que tanto padecen, es "el único príncipe soberano que podría arrastrar dignamente el manto de armiño, empujar el cetro de oro y ceñir la corona recamada de pedrería con que se representaba a los reyes en los viejos códices", pero Valle socava esta imagen épica al presentarlo tomando parte en una aventurilla amorosa bastante sórdida, durante la cual el conde de Volfani se queda lelo y babea como el Laureano de *Divinas palabras*, mientras un chulo andaluz cree que "lo que tiene es vino". Esta atmósfera acanallada, picaresca, chulapona —de "cerrado y sacristía", como hubiera dicho Machado—, no se encamina ni mucho menos a "esperpentizar" a Don Carlos. El Pretendiente se mantiene siempre a miles de leguas de los "espadones" del *Ruedo Ibérico*, a quienes lo augusto y lo noble les falta por fuera y por dentro, tanto en el ánimo como en la apariencia. Se encamina, por el contrario, a presentarle como un Cristo entre los sayones, "la majestad caída" en la charca de la vileza nacional, el ideal de la autoridad y la justicia absolutas pisoteado por una sociedad irremediablemente mezquina.

El carlismo es, pues, la noble fachada ("catedral", "monumento nacional") de ese ideal heroico irrealizable en la España moderna, la "alada mentira" inactual, los nombres sonoros de historia ("lanzas de Borbón", "tercios castellanos"), los "claros clarines" de Rubén; encubriendo todo ello la pobre realidad de un pueblo sin grandeza y sin futuro. Pero tampoco el carlismo está esperpentizado; no es la afectación ridícula de algo que no se posee, no es la "fachenda" del militarismo isabelino, sino el eco del pasado glorioso resonando vacío en el triste presente, y evocado por eso con una mezcla ambigua de nostalgia e ironía románticas. Ironía ante la impotencia, ante la inutilidad del esfuerzo o del ensueño. En *El Ruedo Ibérico* no hay ambigüedad irónica, todo es tajante, mordaz, brusco, porque el ideal, entre sus personajes, ni se siente, ni se busca, ni se lamenta. Bradomín, en cambio, al perder su brazo ingloriosamente, mientras volvía grupas, en el curso de una misión sin importancia que una simple monja pudo llevar a cabo, envidia de verdad a Cervantes por haber perdido el suyo en Lepanto, y se sonríe de sí mismo entre lágrimas, triste y divertido al representar su farsa galante para "hacer poética" su manquedad ante las damas de Estella (15).

C) Bien sabido es que las *Sonatas* contienen gran cantidad de chistes antirreligiosos y de asociaciones irrespetuosas del sexo con cosas sagradas. Me limitaré a recordar solamente una de estas bromas, quizás la más atrevida de todas. En *Estío*, Bradomín y la Niña Chole hacen alto en un convento; en el jardín encuentran una fuente con un amorcillo de piedra que arroja agua por el pene; dos monjitas, que ingenuamente ven en el Cupido una imagen del Niño Jesús, tratan de impedirles que beban advirtiéndoles que aquel agua está bendita y se necesita bula papal para gustarla; pero Bradomín, pretextando que él y la "marquesa" tienen esa licencia, hace que la Niña Chole beba poniendo su boca en la "cándida virilidad" de la estatua, con gran escándalo de las religiosas. Incluso la Niña Chole cree haber cometido un sacrilegio. Como vemos, la burla no puede ser más atrevida, pues asocia una práctica sexual —que además solía considerarse aberrante (*fellatio*)— con lo más sagrado que puede haber para un cristiano, la imagen de Cristo mismo.

---

(15) Véase *Supra*, VII: Ambigüedad y humorismo en las *Sonatas* de V. I.».

G. C. Flynn, en una serie de artículos publicados en la *Hispanic Review* (16), ha estudiado con minuciosidad este aspecto de las *Sonatas*, llegando a la conclusión de que su autor se propuso demoler por la ironía los valores tradicionales, católicos, de España. Bradomín, aunque alardee de catolicismo, es un escéptico que se complace siempre en asustar con bromas irreligiosas a las mujeres que está seduciendo. Su mayor triunfo consiste en ver cómo se disipan los escrúpulos morales de éstas cuando llega la hora del disfrute carnal. Para él, eso significa que la religión no sirve para la vida, que los intereses vitales están en conflicto con ese sistema de creencias que él no comparte sino de forma muy involuntaria, muy residual, "con una mezcla de superstición y de ironía". Esta función demoledora de las *Sonatas* me parece completamente intencional. Valle-Inclán sitúa a su héroe, adrede, en ambientes clericales y devotos, en ciudades levíticas, entre mujeres piadosas; lo rodea sutilmente de una atmósfera dieciochesca, más que decimonónica; lo envuelve en un vago aire de hedonismo más o menos incrédulo conjurado por la sombra de Casanova, el ex-seminarista profanador de conventos y condecorado por el Papa, es decir, en un vitalismo que no necesita —o no se atreve— a destruir las instituciones religiosas, sino que se apoya cínicamente en ellas, mundanizándolas. Al Modernismo le gusta crearse estas sensibilidades vicarias, teñidas bellamente de historia. Un mujeriego decadente como Bradomín tenía que enmarcar su sensualidad en el acicate y el contraste de lo religioso (17). Pero, ¿qué significa todo esto por debajo del

---

(16) «The Adversary: Bradomín, XXIX (1961), pp. 120-133; «Casanova and Bradomín», XXX (1962), pp. 133-141; y «The Bagatela of R. del V. I.», XXXII (1964), pp. 135-141.

(17) Mi amistoso y benévolo crítico J. M. Aguirre me escribe a este respecto: «No puedo creer en la 'función demoledora' de la 'religiosidad' de V. I.... La intención de Valle no pudo ser demoledora, antes, tal vez, lo contrario: al unir el amor con la religión,

nivel literario, es decir, no sólo en la conciencia más o menos libresca de Bradomín, sino en la de su creador Valle-Inclán? Aunque supusiésemos —y es mucho suponer— que éste no hacía más que seguir una moda artística vacía para él de contenido humano, resultaría inevitable pensar que también se estaba encarando —*velis, nolis*— con la religión de su infancia, de su familia y de su país. Si esta religión tenía aún algunas raíces en su alma, aunque sólo fuesen vestigios atávicos, ¿cabría imaginar que la pusiese en solfa por pura fidelidad a un manierismo literario? Si, por el contrario, su incredulidad hubiese sido absoluta, sin resquicios, ¿se hubiese molestado en burlarse tan refinada e insistentemente de una religión que para él no encerraba ningún significado? El verdadero creyente no blasfema por estética; el verdadero ateo tampoco blasfema, ni siquiera por estética, pues le parecería un falso reconocimiento de aquello que niega.

En esas burlas irreligiosas de las *Sonatas* hay una desazón, una inquietud, muy sospechosas. Al igual que otros noventaiochistas, Valle no se satisface con una filosofía materialista. No tiene una fe a la que su razón pueda dar asentimiento, pero siente el hueco doloroso que ha quedado en su alma al pasar de la creencia ingenua, infantil, al escepticismo. "En el Impresionismo —escribe Casalduero—, que ha heredado el materialismo de los naturalistas y también las ansias del Espiritualismo, se siente hondamente

---

de alguna manera, está afirmando la importancia del primero mediante la importancia de la segunda». Y cita a renglón seguido una frase muy oportuna de Anatole France sobre Barbey d'Aurevilly: «Le mot *diabolique* ou *divin*, appliqué à l'intensité des jouissances, exprime la même chose, c'est-à-dire des sensations qui vont jusqu'au surnaturel». De acuerdo. Pero —para el que ha sido alguna vez creyente, como suponemos lo fue Valle-Inclán— transferir la emoción religiosa de lo sobrenatural a lo carnal, del Criador a la criatura, es siempre una cosa muy seria, aunque se tome a broma, y tiene que producir —tanto en el autor como en el lector— el efecto psicológico de una apostasía.

la divinidad del hombre y su caída". Recordemos que Bradomín entra de vez en cuando en las iglesias, y reza, y busca consuelo en estas oraciones de incrédulo, sobre todo en la *Sonata de Invierno*, al sentir el acoso de su pasado "tumultuoso y estéril". Recordemos también que el más grande amor de su vida fue María Rosario, la princesa italiana que iba a profesar de monja, la única mujer que no se le rindió. Al burlarse, pues, de esa piedad que tal vez admira en el fondo de su corazón, Valle-Inclán, en las *Sonatas*, está haciendo algo que responde a resortes íntimos, pero también algo que suena a nerviosismo y atolondramiento, que no parece una reacción madura, pues en ello vemos, por un lado, como un afán vengativo contra esa religión que ya no le sirve de norma ni de esperanza, y, por otro, como un ingenuo tentar a las fuerzas desconocidas y sobrenaturales, a las que quizá teme todavía con una especie de instinto supersticioso. Es como Don Juan tirando de la barba al Comendador, por probar si el Cielo le fulmina. Veamos, para confirmarlo, ese pasaje tan cervantesco —y por cierto magistral— en que Bradomín, la Reina y el Obispo de Urgel hablan de las futuras memorias del primero, es decir, de las *Sonatas* que estamos casi terminando de leer:

La Reina me dijo sonriendo:
—Bradomín, serían muy interesantes tus memorias.
Y gruñó la Marquesa de Tor:
—Lo más interesante no lo diría.
Yo repuse inclinándome:
—Diría sólo mis pecados.
La Marquesa de Tor, mi tía y señora, volvió a gruñir, pero no entendí sus palabras. Y continuó el prelado en tono de sermón:
—¡Se cuentan cosas verdaderamente extraordinarias de nuestro ilustre Marqués! Las confe-

siones, cuando son sinceras, encierran siempre una gran enseñanza: recordemos las de San Agustín. Cierto que muchas veces nos ciega el orgullo y hacemos en esos libros ostentación de nuestros pecados y de nuestros vicios: recordemos las del impío filósofo de Ginebra. En tales casos, la clara enseñanza que suele gustarse en las confesiones, el impío manantial de su doctrina, se enturbia...

...La plática del prelado sólo a mí parecía edificar, y como no soy egoísta, supe sacrificarme por las damas y humildemente interrumpirla.

—Yo no aspiro a enseñar, sino a divertir. Toda mi doctrina está en una sola frase: "¡Viva la bagatela!". Para mí, haber aprendido a sonreír es la mayor conquista de la humanidad...

...Su Ilustrísima alzó los brazos al cielo.

—Es probable, casi seguro, que los antiguos no hayan dicho viva la bagatela como nuestro afrancesado Marqués. Señor Marqués de Bradomín, procure no condenarse por bagatela. En el Infierno debió haberse sonreído siempre.

Es decir, la ironía con que Valle-Inclán se burla de las cosas sagradas es un juego peligroso, diabólico, del que el autor tiene plena conciencia, aunque también se refiera a ello en forma irónica. Es un desafío, que tal vez Don Ramón escribió con un ligero temblor de la mano. Lo mismo podía haber escrito: "Señor Marqués del Valle-Inclán, procure no condenarse por bagatela".

Ahora bien, esta actitud no vuelve a repetirse en toda la obra valleinclaniana. Quizás después Valle sintiese que había ido demasiado lejos, que había atacado cosas que en el fondo respetaba, aunque sólo fuese emotivamente, a un nivel no racional. Pero es que Valle nunca fue un racionalista; por eso el

158

papel de volteriano le venía un poco demasiado ancho. En *Romance de lobos* resurge su cristianismo básico con la conversión de Don Juan Manuel, mientras Fuso Negro, el loco teólogo, le recuerda el pecado original con un pesimismo casi determinista. Bradomín, en *Luces de bohemia*, quiere una muerte cristiana y el reposo en un "camposanto", frente a Rubén Darío, que, aterrado por la muerte, desearía la indiferencia del pagano. Don Roque Cepeda (*Tirano Banderas*) ve la redención social del indio como una misión religiosa. Valle-Inclán se burla siempre de la milagrería beata, de la fe materialista (casi el "Dios ibero" de Machado) que ve el infierno como un caldero de verbena para freír almas en vez de churros (*Luces de bohemia*), y se burla de estas cosas precisamente porque revelan una gran ceguera para lo trascendente, lo único que él respeta, aún luchando con un determinismo sombrío que le hace ver en la vida el dominio absoluto de un Mal misterioso, satánico.

Por eso el tono cínico y frívolo de las *Sonatas* da una nota discordante en la totalidad de su obra. Pero aún en éstas se percibe, si aplicamos bien el oído, un debate subterráneo sobre las dimensiones metafísicas de la conducta humana. Mientras que en *Otoño*, *Estío* y *Primavera* predomina la liviandad ("lo mejor de la santidad son las tentaciones", "yo soy un santo que ama cuando está triste", etc), en *Invierno* Bradomín parece enfrentarse con el pecado algo más seriamente, describiéndolo como una vivencia sobrecogedora. El recuerdo de María Rosario, la niña enloquecida por un amor que ella creía satánico, le ahoga en amargura: "Acababa de levantarse en mi alma, penetrándola con un frío mortal, el recuerdo más triste de mi vida. Salí de la estancia con el alma cubierta de luto... Todo el pasado, tumultuoso y estéril, echaba sobre mí, ahogándome, sus aguas amargas". Cuando Sor Simona le acusa de haber enamorado a Maximina a sabiendas de que era su hija: "...su voz, embargada por el espanto de mi culpa, me estremeció. Parecíame estar muerto y escucharla dentro del sepulcro, como una acusación del mundo". No es el pecado mortal teórico de los colegios de jesuitas; no es el chico que se masturba creyendo ofender a Dios. Es el pecado real, en la vida, en nuestras relaciones con los demás: "la perversión melancólica y donjuanesca que hace las víctimas y llora con ellas"; "mortal" en el sentido de que siembra la muerte y el sufrimiento, dejándonos luto y tristeza, aunque nunca nos sintiéramos plenamente responsables de sus consecuencias; Bradomín no empujó a la hermanita de María Rosario que se cayó por la ventana, ni sabía que Maximina era su hija. Y sin embargo, la cadena de desgracias ha comenzado en un acto intencional, la seducción de ambas muchachas inocentes; el pecado, por tanto, es *suyo*, es un hecho de conciencia, una intuición retrospectiva y desoladora, no un concepto de teología moral. Valle-Inclán no pretende filosofar, sino expresar vivencias. Lo que ocurre es que, alguna vez que otra, la sensación del pecado tiene que contrastarse con su definición en el catecismo aprendido de niño: "Yo guardaba un silencio sombrío. Hacía mentalmente examen de conciencia, queriendo castigar mi alma con el cilicio del remordimiento, y este consuelo de los pecadores arrepentidos también huyó de mí. Pensé que no podía compararse mi culpa con la culpa de nuestro origen... Yo, como si fuese el diablo, salí de la estancia". Hay aquí, por un lado, una aceptación orgullosa de su destino: no siente remordimiento; el arrepentirse le serviría de consuelo, de alivio, pero él, como el diablo, no sabe arrepentirse; tendrá que cargar con su tristeza hasta el fin de sus días. Por otro lado, una escapatoria intelectual, pseudo-teológica: "Pensé que no podía compararse mi culpa con la culpa de nuestro origen...". Bradomín, que ha querido erigir el egoísmo en suprema ley de su vida, traspasa su culpa, cuando le asaltan los fantasmas de sus víctimas, a la humanidad entera; sus actos son suyos, pero el mal que causan ya no lo es, es de todos, de la vida, de la fatalidad. En realidad, es difícil saber qué quiere decir exactamente. ¿Siente su culpa? ¿No la siente? ¿Qué cosa es culpa? Su introspección psicológica es intensa, pero breve y escasamente conceptualizada; es más bien un barajar términos éticos ("pecado", "culpa", "remordimiento", "arrepentidos") sin insertarlos en ningún esquema doctrinal, antes bien acentuando su aspecto puramente sensorial ("frío mortal", "espanto", "silencio sombrío"). Lo único claro es que existe un debatirse, una tensión insoluble, entre la vivencia pujante y las normas éticas recibidas, que se quieren romper, y al mismo tiempo se añoran. En el fondo, Bradomín está constatando el fracaso vital de su arriscado egotismo. Al canto del gallo ha sucedido el silbido lúgubre del búho.

Son, pues, las *Sonatas* una obra llena de debates íntimos, de inquietudes ideológicas, no tan diferente, después de todo, de otros libros contemporáneos como *La voluntad, Camino de perfección, Amor y pedagogía.* Todo lo preciosista que se quiera, pero encerrando en su centro el yo palpitante de Valle-Inclán en medio de la fabulación donjuanesca, "amurallado de poesía" (18), tal como Azorín, Baroja y Unamuno lo habían "amurallado" de paisajes líricos, furiosas diatribas y parábolas cordiales. Lo que ha hecho Valle-Inclán en mayor grado que los otros es adoptar una escritura simbolista, en que las ideas se presentan como intuiciones, y las intuiciones se ex-

---

(18) «La divinidad del hombre, del yo, la creen expuesta a tales peligros, temen tanto que sea profanada, que la amurallan de poesía, de leyenda, como dice Valle-Inclán, sintiendo piedad por ese yo que ocultan y que, al mismo tiempo, les consternaría no ocultar» (J. Casalduero, *loc. cit.*, p. 273).

6

presan como sugestiones, alusiones y anécdotas simbólicas. Pero —ya lo digo— es más bien una cuestión de grados y matices; la vehemencia subjetiva, anárquica y desobjetivizadora es esencialmente la misma en todos, así como la importancia que en ellos asume la intuición como forma favorita del conocimiento. Seguir examinando a fondo todo este cúmulo de paralelos y divergencias nos llevaría muy lejos, pero que quede al menos una cosa clara: esa distinción pedante de los libros de texto entre Modernismo y Noventayocho nos ha cegado durante demasiado tiempo a ciertas realidades más profundas e insoslayables que la manía clasificadora de nuestros críticos. Es hora —como diría Unamuno— de "confundir", para ver si así llegamos a conocer mejor.

IX: *CARA DE PLATA,* FUERA DE SERIE

Como es bien sabido, la primera de las *Comedias bárbaras* según el desarrollo de la acción, *Cara de Plata,* se publicó en 1922, catorce años después de *Águila de blasón,* y cuando Valle había ya escrito algunas obras tan decididamente demoledoras como *Luces de bohemia* y *Los cuernos de don Friolera.* Su concepción tardía tenía por fuerza que originar una marcada diferencia con sus antecesores de la misma serie, a pesar de lo cual la mayor parte de los críticos (1) han seguido considerándola homogénea con aquéllas y parte inseparable de la trilogía. La intención de estas páginas, por el contrario, es elucidar algunas de sus anomalías más importantes y abogar por la disociación definitiva de unas y otra.

Lo primero que choca en esta *comedia bárbara* rezagada es, por supuesto, el estilo, más cercano al

---

(1) Unos pocos han notado de pasada dicha diferencia, e. g.,: M. Fernández Almagro, *Vida y literatura de V. I.* (Madrid, 1943), 222; S. M. Greenfield, «Reflejos menores en el espejo cóncavo», *Insula* (Julio-Agosto, 1961), 16; O. Guerrero, «Sobre las 'Comedias bárbaras'», *Cuadernos Hispanoamericanos,* LXVII (1966), 479; V. Risco, *La estética de V. I.* (Madrid, 1966), 56. No he podido consultar dos artículos antiguos sobre *Cara de Plata* citados por J. Rubia Barcia, *A Bibliography and Iconography of V. I.* (Berkeley & Los Angeles, 1960), los de E. Gómez de Baquero, «Cara de Plata», *El Sol* (15 de marzo, 1924) y C. Pitollet, «La nouvelle oeuvre de V. I.», *La Renaissance d'Occident* (Bruselas), X (1924), 158-166. Utilizo aquí las siguientes ediciones de la Colección Austral: *Águila de blasón* (Buenos Aires, 1946), *Romance de lobos* (Madrid, 1961), *Cara de Plata* (Buenos Aires, 1946), que se citan abreviadamente con las iniciales respectivas (*A, R, C*) y el número de página.

expresionismo grotesco de *Tirano Banderas* que al lenguaje de las otras dos comedias, aunque también éstas incluyesen en germen elementos deformantes. Sin ser completamente esperpéntico, como quiere E. G. de Nora (2), tiende no obstante a una técnica descriptiva más expresionista que impresionista y a la presentación caricaturesca de los personajes (3). Pero no son las diferencias estilísticas, demasiado obvias, lo que nos interesa tratar ahora, sino algo mucho más sustantivo y sólo revelado en parte por el nuevo estilo, a saber, la ruptura innegable con la inspiración de las obras de 1907 y 1908. Al hacer esto habrá que tener en cuenta dos cosas importantes. Por un lado, el parecido intencional de *Cara de Plata* con sus dos hermanas mayores: Valle Inclán la escribió como complemento de las otras dos, alargando la historia hacia el comienzo, ya que no podía hacerlo de otra forma por haber destruido a su héroe al final de *Romance de lobos*. Enfrentado con los mismos personajes y el mismo proceso argumental, cuyo fin ya ha escrito, tiene por tanto que mantener el parecido de ambiente, de caracterización y de temas. Por otra parte, los años no pasan en balde, y la evolución ideológica y vital del autor se refleja, quizás a pesar suyo, en el tratamiento de todos esos elementos. Si meditamos un poco en todo ello, no podemos menos de hacernos tres preguntas: *¿por qué* escribió Valle *Cara de Plata?; ¿para qué* lo hizo?; *¿qué* consiguió?

Parece ocioso añadir que la respuesta al primer interrogante se la llevó el escritor a la tumba. No sabemos, en efecto, cuáles fueron sus motivos íntimos. Sólo podemos aventurar sugerencias. ¿Le llevaría a ello esa fidelidad tan suya a sus propios per-

---

(2) *La novela española contemporánea*, I (Madrid, 1958), 83.
(3) Para estas cuestiones de estilo remito al lector al excelente estudio de A. Risco, ya citado, y en especial al Apéndice «Expresionismo».

sonajes y asuntos, fidelidad nunca desmentida a pesar de tantos cambios ideológicos y estéticos? ¿Volvería a tomar entre manos a estos lejanos Montenegros por su apego al mito de la hidalguía? G. Gómez de la Serna ha expuesto con gran perspicacia cómo ese ideal nobiliario no llega a desaparecer nunca por entero de la obra valleinclanesca, ni siquiera en su período de violencia anárquica, y por eso Bradomín reaparece una y otra vez, como de soslayo, en *Luces de bohemia* o en varios lugares de *El ruedo ibérico* (4). En un plano más puramente formal, tal vez quepa pensar que dos comedias tan sólo le parecerían a Valle una cifra roma e incompleta, algo que requería su coronación en la mística geométrica del número tres.

Respecto al *para qué* de esta añadidura tardía, nos encontramos con parecidas dificultades. *Águila de blasón* y *Romance de lobos* constituían ya una unidad temática perfecta, con su planteamiento y desenlace completos. La caracterización de todos los personajes principales era igualmente satisfactoria. A pesar de su deslavazamiento narrativo y dramático, estas dos obras desarrollan con fuerte trabazón lógica el tema de la decadencia de las familias hidalgas. El Mayorazgo, privado de su función social y política por los cambios que sufre toda la sociedad española en el siglo XIX, aislado en su villorrio, aferrado a las posturas tradicionales de su casta pero sin posibilidad de darles empleo fructífero, se entrega a la vida ociosa, a la glotonería y a la lujuria senil. Sus hijos han perdido por completo todo sentido de responsabilidad social y el mismo «ímpetu de señores" que les viene de raza, les empuja a robar, atropellar y enviciarse, ya que esta energía heredada no se puede encauzar hacia empresas no-

---

(4) *Vide* G. Gómez de la Serna, «Del hidalgo al esperpento, pasando por el dandy», *CHA*, LXVII (1966), 148-174.

bles. El viejo Montenegro, en cambio, sacudida su conciencia por la crisis emocional que le produce la muerte de su sufrida esposa, comprende de súbito que una nobleza viciosa y parasitaria no tiene derecho a la existencia, y, con su innato sentido de la justicia, trata de arrancar de manos de sus hijos un patrimonio inmerecido para dárselo a los pobres. Éste es su último acto caballeresco, y en su ejecución muere heroicamente. Con él lanza su último destello todo un mundo de grandeza histórica. Desde el punto de vista de la mecánica interna y del desarrollo del tema, la adición posterior de *Cara de Plata* era, por tanto, innecesaria. Y esto resulta aún más evidente si recordamos que, a renglón seguido de haber escritos las *Comedias*, Valle vuelve a sacar al Mayorazgo y a su hijo Miguel en las novelas de *La guerra carlista*, con objeto de rematar lo poco que hubiera podido quedar incompleto o vago en los rasgos de ambos: en el padre, su sentido personalista de la justicia, su amor a la España antigua, su concepto altruísta y desprendido de la nobleza como servicio; en el hijo, la prolongación del viejo idealismo de la raza al arriesgar su piel por una causa perdida. La obra de 1922 no sirve, pues, ni siquiera para aminorar el efecto de decadencia con la esperanza de un único vástago noble continuador de la estirpe, ya que esto se había hecho antes. Su título, es verdad, parece querer indicar que la figura central del libro es ahora el simpático segundón, y no su padre, pero esta promesa no se cumple en el texto. Don Miguelito sigue siendo un personaje secundario, subordinado por el curso de la acción a la dinámica pasional de su padre y del enemigo de éste, el Abad. Es indudable que Valle se había propuesto ensanchar su papel y reforzar en los lectores la simpatía que ya sentíamos por él —y para ello lo presenta románticamente enamorado de Sabelita, generoso en los azares del juego, firme en el cumplimiento de las

166

órdenes paternas frente a los aldeanos levantiscos—, pero sin alzarlo nunca a la categoría de héroe, como cree E. Segura Covarsi (5). La rivalidad amorosa que enfrenta a padre e hijo al final de la obra se resuelve con la claudicación del último, quien no puede medirse con la tremenda voluntariedad de su progenitor. En cierto sentido, el degenerado Don Mauro que mató de un puñetazo a su padre en *Romance de lobos* era mejor heredero que Don Miguelito de la indomeñable asertividad del viejo Vinculero. Lo curioso, por otra parte, es que Don Juan Manuel tampoco es ya el centro absoluto de la obra, como lo había sido en 1907 y 1908. Valle Inclán había dejado de fabricar esos héroes románticamente señeros en 1920, al despedirse de ellos en tono elegíaco y sarcástico con el Max Estrella de *Luces de bohemia*. Ahora, la acción requiere una apoyatura triple y cambiante según los diversos aspectos del conflicto argumental. La seducción de Sabelita la lleva a cabo el Mayorazgo en contra de su hijo, por un lado, y, más aún, en oposición al Abad. Su negativa a conceder el paso por sus tierras le enfrenta con el eclesiástico y, colectivamente, con los campesinos. En su estructura, pues, *Cara de Plata* se asemeja —más que a las otras dos *comedias bárbaras*— a ciertas obras del tipo de *Divinas palabras*, obras basadas en una construcción trimembre (Pedro Gailo, Mari Gaila, Séptimo Miau) o incluso multipolar. Y este descentramiento del héroe se evidencia en la menor frecuencia de su aparición en escena (6).

Aparte de la mayor o menor importancia que quisiese dar Valle a *Cara de Plata*, parece lógico pensar que uno de sus objetivos al escribir este tercer vo-

(5) «Cara de Plata», *Revista de Literatura*, V (1954), 276.
(6) Mientras que en *Águila* (32 escenas en total) Don Juan Manuel aparece 12 veces y en *Romance* (18 escenas) 13, en *Cara de Plata* (17 escenas) sólo se le ve 5 veces. El Abad, en cambio, está presente en 8 escenas de esta última obra y Cara de Plata en 10.

lumen sería el de retrotraer el proceso degenerativo de los Montenegros a sus orígenes, el de retomar este tema *ab initio* para así dar mayor consistencia y amplitud a la historia de la familia. *Cara de Plata*, en efecto, nos pinta al viejo Mayorazgo antes de seducir a su ahijada; a los hijos cuando todavía no expolian descaradamente a sus padres, aunque sí son capaces de jugarse a los naipes el dinero que aquél les había confiado; a Sabelita misma cuando aún es una muchacha inocente y soñadora, más propensa a sucumbir casi incestuosamente a la autoridad afectiva de su padrino que capaz de aceptar libremente los avances de Don Miguelito. Todo esto nos lleva a considerar la tercera pregunta que nos formulamos: ¿qué consiguió Valle Inclán al rematar su trilogía con *Cara de Plata*? Antes de intentar dar una respuesta, quisiera excluir toda sospecha de censura estética. Sería necio negar a esta obra las muchas bellezas que contiene, la madurez y energía de su estilo, incluso una maestría en la forma de conducir la acción que supera, por su económica sencillez y firmeza, a la técnica algo desarticulada de las dos comedias anteriores. Mi tesis es, simplemente, que *Cara de Plata* desvirtúa la inspiración primitiva de la serie, que no forma un todo homogéneo con *Águila* y *Romance*, y que debe ser juzgada, pues, como obra independiente, cuyo sentido no es ya el mismo de las otras dos. Veamos por qué.

J. A. Maravall y M. García-Pelayo han aclarado de mano maestra el significado de las *Comedias bárbaras* como un «canto de cisne» entonado por el Valle Inclán de 1907 y 1908 a la desaparición de algo muy querido para él: la vieja hidalguía rural, víctima, con otras muchas cosas, de la política liberal y ciudadana del siglo XIX (7). Con ella se hunde todo un mun-

---

(7) J. A. Maravall, «La imagen de la sociedad arcaica en V. I.», *Revista de Occidente*, XV (1966), 225-256; M. García-Pelayo, «Sobre el mundo social en la literatura de V. I.», *Ibid.*, 257-287.

do arcaico, agrícola, patriarcal, que había dejado una huella indeleble en el alma del autor niño. Cuando Valle escribe, en *Los cruzados de la causa*, que «los mayorazgos eran la historia del pasado y debían ser la del porvenir», está lanzando un grito genuinamente lírico, por ridículo que ello pareciese en el contorno democrático de esos tiempos. La romantización nostálgica del pasado exigía que Montenegro fuese no sólo déspota, sino padre y protector de sus dependientes, incluso en contra de sus degenerados hijos. En *Águila de blasón*, en efecto, Don Juan Manuel se lamenta amargamente de que, debido a los latrocinios de su prole, «¡Alguna vez no tuve para mantener a mis criados!» (*A*, 74). Es generoso con sus colonos, y perdona a Pedro Rey la renta de un año, si bien con motivos ulteriores no muy honorables (*A*, 39). Convida en las fiestas a todos los mozos (*A*, 48) y llega al extremo de arriesgar su vida por defender a su fiel criada Micaela (*A*, 27). A su bufón Don Galán lo trata a puntapiés, pero «su voz está llena de afecto paternal» (*A*, 71). En *Romance de lobos*, manda socorrer a las viudas e hijos de los marineros náufragos (*R*, 104), reparte el pan y las berzas a los pobres que acuden a su puerta (*R*, 131), encarga una hornada y doce pichones para los mendigos que le acompañan (*R*, 78), y muere heroicamente luchando con sus vástagos para alimentar a los infortunados que «ahora son sus verdaderos hijos" (*R*, 138). Los señores como él, con todos sus despotismos, son muy preferibles a esa nueva clase media campesina, rapaz y despiadada, que se enriqueció con los despojos de los mayorazgos y de las tierras eclesiásticas, y que ya aflora en las primeras *Comedias bárbaras* con Don Ginero el prestamista, para amenazar aun más siniestra en *Los cruzados de la causa* (8).

---

(8) En los capítulos VI-IX de esta novela, el mayordomo de Bradomín y el usurero Don Ginero, ambos odiados del pueblo por sus

Contrastemos ahora esta pintura enfáticamente paternalista con *Cara de Plata*, donde Montenegro acentúa sus rasgos tiránicos y no da en cambio la más leve muestra de amor a sus inferiores. Aunque habla a su hijo Miguel de «las obligaciones de su sangre» (*C*, 24), la generosidad del Vinculero brilla por su ausencia: el mismo Cara de Plata nos manifiesta que «mi padre se cansó de ser clemente» (*C*, 30). Recordemos cómo la acción entera de la obra está dominada por su tozuda y antisocial negativa a permitir el paso por sus tierras de Lantañón. El antiguo patriarca se va pareciendo al moderno terrateniente cerril que invoca la ley Madoz de cerramiento de fincas, defiende sus derechos con un pleito fallado a su favor (cosa verdaderamente insólita en el viejo apaleador de escribanos), y casi nos sorprende que no llame a la guardia civil en su ayuda. Verdad es que Valle intenta redimirlo tímidamente al explicar que el paso de trajinantes por Lantañón era una antigua concesión de los señores y que fueron los villanos quienes acudieron a la ley para reclamarlo como derecho, con lo cual provocaron la indignación del hidalgo, que ganó el pleito (*C*, 29-30); pero la aclaración parece algo apresurada e ilógica: ¿por qué iban a reclamar los campesinos como derecho un beneficio que nunca se les había negado? Esos mismos litigantes expresan poco después su repugnancia y recelo por la burocracia jurídica (*C*, 68-69). De todas formas, esta atmósfera tensa, hostil, entre propietarios y trabajadores recuerda, aunque sólo vagamente, el choque de *Luces de bohemia* entre las «fuerzas del orden» y el pueblo revoltoso. Los plebeyos, tan sumisos en las *comedias* anteriores, hablan de regicidios (*C*, 10), de «meter el ganado por la fuerza» (*C*, 14), de «quemarle los campos» (*C*, 15).

---

rapacerías, se conchaban para explotar al Marqués, quien necesita dinero para contribuir a la insurrección carlista.

No es esta la primera vez que suena tal lenguaje
revolucionario en la trilogía, pues en *Romance de
lobos* hay una incitación a «quemar las siembras» y
«envenenar las fuentes» (*R*, 44), cosa que revela, como ha notado muy bien Gómez Marín (9), las «sim-
patías anarcoides» que siempre coexistieron en Valle
Inclán con su innato aristocratismo. Pero, en *Romance*, estas palabras violentas las dice precisamente Montenegro, no los apocados y fatalistas mendigos, pues en esa época Valle creía en la misión re-
dentorista de la nobleza e incluso de sí mismo, como
artista-aristócrata y redentor por la belleza: "La redención de los humildes hemos de hacerla los que
nacimos con ímpetu de señores» (*R*, 45). Más tarde,
sin embargo, en *Luces de bohemia*, Valle Inclán se
identifica con Max Estrella para mostrar la impotencia e incluso la ridiculez del intelectual frente a
los problemas del proletariado: es el pueblo quien
tiene que hacer su revolución e instaurar el reinado
de la justicia (10). No es extraño, pues, que en 1922
nos presente a Montenegro casi como a un moderno
patrono en vez de como a un antiguo hidalgo. Valle
podría haber dicho de su perdida fe en la aristocracia, encarnada en Montenegro aún más que en Bradomín, lo que Juan Ramón Jiménez escribió de su
propia poesía modernista: «Y la fui odiando, sin saberlo...». En *Romance*, los gritos de «¡Era nuestro
padre!» ponen un aura de sublimidad moral a la
muerte del caballero. En *Cara de Plata*, la presencia
del Mayorazgo se anuncia entre denuestos de chalanes y pastores, para acabar entre maldiciones de viejas labriegas: «¡Montenegro!... ¡Negro de pecados!...
¡Negro excomulgado!» (*C*, 147-149). Como era preciso
mantener la uniformidad de ambiente con las otras

---

(9) J. A. Gómez Marín, «Valle: estética y compromiso», *CHA*,
LXVII (1966), 148-174.
(10) *Vide* J. A. Gómez Marín, *Art. cit.*, 202.

dos *comedias,* la protesta popular está bien barnizada de medievalina, pues Valle se ha acordado de repente de que en los siglos XIV y XV también hubo revueltas de campesinos y gremios turbulentos: Viana del Prior «tiene su crónica en piedras sonoras, candoroso romance de rapiñas feudales y banderas de gremios rebeldes, frente a condes y mitrados" (*C*, 53). Quinto de Cures corta figura de Pedro Crespo, con su presumir de "cristiano viejo", y opone al linaje del señor el orgullo de su abundante y honrada descendencia (*C*, 29). Pero todo este arcaísmo, si es consistente con la Historia, no lo es en cambio con la visión que el propio Valle Inclán tuvo de ella anteriormente. Si comenzamos a leer la trilogía por *Cara de Plata,* como quiso su autor, nos encontramos con la incongruencia de un héroe que "se cansó de ser clemente" y generoso antes de llegar a serlo (en *Águila* y *Romance*) y de un pueblo cuya rebeldía subversiva se transforma en sumisión secular. ¡En buen lío se metió Don Ramón!

Tampoco vemos en *Cara de Plata* esa corte de fieles criados (Micaela la Roja, Rosalva, Andreíña, la Manchada, Bieito) que rodeaba al déspota paternal en 1908. De ellos sólo queda Don Galán. Ni encontramos a esos bastardos solícitos que, como Artemisa la del Casal, se interesaban por la salud de su padre ilegal (*R*, 110) o que, como Oliveros de Bealo, se enorgullecían de su "honrosa semejanza con el señor Mayorazgo" (*R*, 92). Su arrendatario, Pedro Rey, no le entrega complaciente su mujer a cambio de la renta de un año (*A*, 98), sino que va a reclamarle una vaca ahogada por Don Miguelito (*C*, 23). El amo, en vez de entregarle una escopeta cargada para que se defienda de sus propios hijos (*A*, 99), se niega a pagarle la res muerta. Igualmente echamos de menos a los "aldeanos y pastores que guardan la tradición de una edad remota, crédula y feliz" (*A*, 48), los mismos que cantaban, reían y na rraban arcaicas consejas (*A*, 80) en graneros y cocinas, mientras los mozos "tentaban" a las mozas y "huroneaban bajo las haldas" (*A*, 48) con primitiva sensualidad inocente. Los mendigos ya no tienen ese aire de mansedumbre evangélica que tenían en *Romance*, y no hay ningún leproso de San Lázaro que glorifique la pobreza y el sufrimiento, sino un desaprensivo "penitente" que "vive de engaños como el Real Gobierno" (*C*, 59) o "tunos buhoneros" que estafan "con arte gitana" (*C*, 54). La degradación del pueblo no tiene nada que envidiar a la que presenciamos en *Divinas palabras*. Básteme aducir dos ejemplos egregios: el diabólico Fuso Negro, quien comete lo que un juez inglés llamaría "indecent exposure" ante la aterrorizada Sabelita (*C*, 81); la sórdida familia de Blas de Míguez, en que hasta los niños se entregan a los placeres del anisete. El pueblo se ha convertido irremisiblemente en populacho.

Todas estas contradicciones desaparecen si —desobedeciendo a su autor— borramos de esta obra el subtítulo de "comedia bárbara" y la consideramos en sí misma, por lo que es y no por lo que pretende ser. El procedimiento puede parecer un tanto vandálico, pero nos ayudará a comprender mejor que el verdadero significado de *Cara de Plata* tiene en realidad poco que ver con el de *Águila de blasón* y *Romance de lobos*. Si en éstas el hidalgo estaba visto primordialmente en su funcionamiento social, enmarcado en un halo nostálgico de decadencia gloriosa y de crisis moral, en aquélla uno se olvida pronto de tales aspectos. La rebeldía de los chalanes, con que comienza la obra, se desvanece pronto en palabras y gestos, sin pasar a la acción. La oposición popular contra el Mayorazgo se esfuma al tomar como campeón al Abad de Lantañón, quien en seguida asume todos los poderes de antagonista. El conflicto se trueca así en un enfrentamiento personal de dos voluntades energúmenicas, de dos soberbias satánicas capaces de llegar al sacrilegio por aniquilarse la una a la otra. El despotismo ha palidecido ante la enormidad de la rebeldía religiosa del pecado contra el Espíritu Santo. En 1908, el egotismo era nobleza; en 1922, monstruosidad blasfema. Valle mismo reconoció a medias este cambio de enfoque al hablar en una carta a Alfonso Reyes de la "impiedad gallega" como motivo inspirador de su trilogía, y añadir que "estas ideas me guiaron *con mayor conciencia* al dar remate a *Cara de Plata*" (11). Lo que olvidaba el escritor es que el héroe de 1908 no era de ninguna forma un "impío", a pesar de alguna que otra salida irreverente (*A*, 58, 123; *R*, 12, 40, 86), o de habérsele olvidado rezar (*A*, 123). La impiedad, si se quiere, estaba potencialmente en su soberbia voluntariedad, en su indomable altanería, pero esto, en vez de llevarle a la apostasía, le había hecho en cambio arrogarse un papel redentor profundamente cristiano. Su rebeldía se limita a protestar de la obligación de la monogamia (*R*, 40), a pesar de lo cual su remordimiento por haber hecho sufrir a su esposa es hondo y sincero. Las únicas profanaciones que ocurren en *Águila* y *Romance* las cometen sus hijos, por codicia, al robar un cadáver y saquear una iglesia, y no llegan ni con mucho a la gravedad de lo que ahora hace el Mayorazgo al tomar en sus manos el Cuerpo de Cristo. El primitivo Don Juan Manuel, si quería conservar el prestigio de que lo investía su autor, tenía que mostrar que su engreimiento aristocrático era también nobleza moral y acatamiento del supremo Poder. Su nuevo doble, al perder la gracia mitificante, se convierte en un manojo de arrebatos destructores.

El tema de lo demoníaco se había ya insinuado en *Romance de lobos* con unas misteriosas palabras de

---

(11) Citado por C. F. de la Vega, «Perfil gallego de V. I.», *Insula* (Julio-Agosto, 1959), 4. El subrayado es mío.

Fuso Negro (12), palabras que no son sólo patrañas de loco, sino una formulación metafórica de la doctrina del pecado original. En ellas se hace a la sensualidad, impulso de la procreación, fuente también de toda maldad humana. Pero esta explicación mítica del mal, aplicable a toda la especie, no se ha particularizado aún en ningún individuo, ni se ha hecho todavía plenamente consciente. En *Cara de Plata*, Fuso Negro, representante de una lujuria desaforada y siniestra, revolotea por toda la obra, aparece donde menos se le espera, acechando en la oscuridad como un demonio huidizo, rompiendo las tejas a la prostituta Pichona o enseñando los genitales a Sabelita en el pórtico de una capilla. La maldad se hace consciente y responsable en el Abad y en el Mayorazgo. Mientras que en *Romance* Don Juan Manuel no se reconoce otro pecado que "haber hecho una mártir" de Doña María (*R*, 89), ahora, en su confesión sacrílega

---

(12) Fuso Negro. — Los cinco mancebos son hijos del Demonio Mayor. A cada uno lo hizo un sábado, filo de medianoche, que es cuando se calienta con las brujas, y todo rijoso, aullando como un can, va por los tejados quebrando las tejas, y métese por las chimeneas abajo para montar a las mujeres y empreñarlas con una trampa que sabe... Sin esa trampa, que el loco también sabe, no puede tener hijos... Y las mujeres conocen que tienen encima el enemigo, porque la flor de su sangre es fría. El Demonio Mayor anda por las ferias y las vendimias, y las procesiones, con la apariencia de una moza garrida, tentando a los hombres. Frailes y vinculeros son los más tentados. ¡Ay, hermano, cuántas veces habremos estado con una moza bajo las viñas sin cuidar que era el Demonio Mayor de los Infiernos! El gran ladrón se hace moza para que demos nuestra sangre encendida de lujuria, y luego, dejándonos dormidos, vuela por los aires... Con la misma apariencia del marido se presenta a la mujer y se acuesta con ella. ¡Cata la trampa, porque entonces tiene el calor del hombre la flor de su sangre y puede empreñar! Al señor Mayorazgo gustábanle las mozas, y por aquel gusto el Diablo hacíale cabrón y se acostaba con Dama María.
El Caballero. — Yo no soy cabrón.
Fuso Negro. — El Diablo púsole sus cuernos.
El Caballero. — Tendrían que ser cabrones todos los hombres para que lo fuese Don Juan Manuel Montenegro.
Fuso Negro. — ¡Todos lo son, y por eso está lleno el mundo de hijos de Satanás! (*R*, 124-125).

ante el colérico "bonete", se atribuye orgulloso nuevos vicios, como el de los naipes, un homicidio ("maté a un jugador por disputa de juego") y haber violentado "la voluntad de una hermana para hacerla monja" (*C*, 148). El simple "mujeriego" que antes no se daba plena cuenta de la degradación infligida a sus víctimas (Sabelita, Liberata), ahora sabe que al amancebarse con su ahijada no sólo peca contra el sexto mandamiento, sino contra sus más graves obligaciones de educador y padrino, es decir, de padre espiritual. Al hacerlo se identifica textualmente con Satanás (*C*, 111), le pide su "alma" a la seducida y acepta plena responsabilidad por los dos ("Caiga el pecado sobre mi conciencia", *C*, 115): "¡No hay en toda mi vida un naipe tan negro como el que ahora levanto!" (*C*, 144). La escena final es una lógica consecuencia de estos actos y pensamientos: consciente de haber elegido el mal, no se arredra ante el máximo insulto a Dios, que es ahora su enemigo. Si en las *Sonatas* o en las otras *comedias* el mal era algo positivo (sensualidad, belleza), aquí es una pura sima metafísica: o el Todo en el supremo egoísmo o la Nada de la blasfemia deliberada.

El Abad no le va a la zaga en desorden moral: jugador empedernido y fullero, capaz de disparar sus pistones contra los que le disputan el dinero mal ganado, tiránico en su casa, colérico en sus menores actos. Como a Montenegro, el pecado capital que le gobierna es la soberbia. La soberbia vence en él a la codicia y le hace abandonar la bolsa de dineros. Por soberbia se atreve a "encender una vela" al Diablo (*C*, 115) y profanar los sacramentos. Si su enemigo le cierra el paso y le roba a la sobrina, él no se detiene ante un simulacro sacrílego de muerte con tal de humillar al Mayorazgo. El más grave pecado que puede cometer un sacerdote no le hace siquiera exclamar como el caballero: "¡Tengo miedo de ser el Diablo!".

Ramón Pérez de Ayala dio muestra una vez más de su gran penetración crítica al escribir estas iluminadoras palabras: "Veo en la entraña de toda la obra de Valle Inclán un dramatismo remoto y sagrado, una sensación titánica y fiera de la lucha inacabable entre el Bien y el Mal absolutos; pero no entendidos en cuanto conceptos metafísicos, sino (al modo de la humanidad mítica e infantil, de espíritu original y sentidos cándidos), en cuanto entidades vivas, omnipresentes, trágicas" (13). Añadamos modestamente que ese sentido demoníaco y nihilista de las pasiones se intensifica en especial, e incluso se torna más "metafísico", hacia 1920 y después, en la época de *Divinas palabras* (1920), *La cabeza del Bautista* (1924), *Ligazón* (1926) y *Sacrilegio* (1927). *Cara de Plata,* unida sin duda a las verdaderas *comedias bárbaras* en la intención de su autor, no cobra sin embargo su plena significación si no la separamos de sus remotas hermanas para emparentarla de nuevo con esta otra familia de criaturas valleinclanescas, a la cual, creemos, pertenece por su fecha y por lo íntimo de su concepción.

---

(13) *Divagaciones literarias* (Madrid, 1958), 198.

X: EL SUBMARINO DE PARADOX

En su primera novela verdaderamente tal, es decir, las *Aventuras, inventos y mixtificaciones de Silvestre Paradox* (1901), el escritor donostiarra se identifica, pero sólo a medias, con su protagonista. Paradox es Baroja en mucho de lo que dice, piensa y hace, pero, al mismo tiempo, su autor trata de despegárselo, de alejarlo de sí aplicándole una perspectiva irónica, tal vez aprendida en narradores decimonónicos como el Dickens de *Mr. Pickwick* o el Flaubert de *Bouvard et Pécuchet*. Su principal modo de alejarlo consiste en hacerlo falso hombre de ciencia y ridículo y fracasado inventor, cosas que Baroja nunca pretendió ser seriamente, aunque jugase a ello en su época de panadero y escritor novel, hacia 1900 (v. *O. C.*, VII, 649).

Fue Valera, en su crítica de *La Lectura*, el primero en notar cuál era el blanco de la sátira barojiana:

No es Silvestre Paradox un pícaro al modo de los antiguos, sino un semi-sabio extravagante que trata de inventar o cree haber inventado no pocos artificios científicos. Modelos para esto ha podido hallar el señor Baroja en nuestra tierra, donde poco o nada importante se inventa desde hace tiempo, pero donde no faltan propósitos y conatos de inventar máquinas que vuelen con dirección, barcos submarinos, proyectiles apestosos que basten a ahogar ejércitos enteros con sus mefíticos miasmas, y cuadratura del círculo, y movimiento continuo, y otra infinidad de primores.

Y acertaba el anciano novelista y diplomático, pues Baroja nos revelaría después, en sus *Intermedios* (*O. C.*, V, 634-35), que por esa época había conocido a un tal Lamotte, quien al principio le pareció "hombre enterado, que sabía algo de química y de industria", aunque pronto observó "que lo arrastraba la elocuencia y saltaba por encima de los detalles con demasiada facilidad", así como al igualmente chiflado don Fermín, gran admirador de Lamotte y modelo indiscutible del compinche de Paradox, don Avelino Diz de la Iglesia (1). Cinco de los pintorescos e imprácticos inventos paradoxales ("el pan reconstituyente", "la caja reguladora de la fermentación del pan", "la mano remo y el pie remo", "el biberón del árbol" y "el cepo langostífero") pertenecían al verdadero Lamotte, cuyo ejemplo siguieron Pío y Ricardo Baroja, con un amigo llamado Riudavets, al reunirse en casa de los primeros para "hacer toda clase de experiencias fisicoquimicoindustriales", entre las que figuró un submarino de juguete sin "condiciones para hundirse ni para salir a flote".

Es, pues, Paradox caricatura literaria de un tipo humano siempre cómico, el "semi-sabio" de Valera, científico con más pretensiones que realidades, sin verdadera formación ni disciplina, y con más entusiasmo ingenuo que sólidos conocimientos o habilidad técnica. Cabe preguntarse, sin embargo, si la función de esta criatura novelesca se limita a ridiculizar afablemente una simple manía pseudocientífica, de la que su mismo autor participó con espíritu juguetón, o, por el contrario, puede asumir dimensio-

---

(1) Véase también *Memorias* (*O. C.*, VII, 647-49 y 682) y Manuel Durán, «Silverio Lanza y Silvestre Paradox», *Papeles de Son Armadans*, XXXIV (1964), 57-72.

nes críticas más trascendentes. Extravagantes ilusos como Silvestre han existido siempre en todas partes; Baroja pudo encontrarle un precedente literario en la novela de Flaubert recién citada. Ahora bien, si éste utilizó su *Bouvard et Pécuchet* para arremeter contra la vulgaridad cientifista de su época, ¿no es fácil que extendiese nuestro donostiarra la significación de su Paradox al amplio ruedo simbólico de la incapacidad española para la ciencia y la técnica, cuestión tan debatida en las postrimerías del siglo XIX y entre los mismos noventaiochistas? Así lo entendió sin duda el socarrón don Juan Valera al referirse a esta "nuestra tierra, donde poco o nada importante se inventa", tras lo cual menciona varios fracasados ingenios de invención nacional, y así lo tuvo que entender, al menos en principio y como posibilidad, el propio Baroja, quien no podía ignorar los recuerdos que habían forzosamente de despertar en sus lectores dos de las máquinas concebidas por Paradox, a saber el "torpedo dirigible desde la costa" y el submarino, claras alusiones a Torres-Quevedo e Isaac Peral respectivamente. Mientras el torpedo sólo figura en una lista de inventos del protagonista, el submarino es tema de uno de los episodios más aleccionadores de la novela, y merece que le dediquemos alguna atención en el breve espacio que nos queda disponible.

Una de las obsesiones de Paradox era el aire líquido, cuyo estudio le había llevado a inventar el refrigerador antes que el sueco Ostergren, "sin que nadie le hiciese caso", y luego a proyectar un barco submarino, también movido por esta fuerza maravillosa:

> Silvestre no conocía, ni de oídas, los ciento y tantos buques para navegación submarina que se han proyectado en este siglo, pero daba como bueno que ninguno de los ciento y tantos

se basaba, como el suyo, en el estudio atento y severo de la dinámica de los peces. De la observación de estos animales había deducido que un barco submarino necesita: primero, un motor de poquísimo peso y de gran fuerza: el aire líquido; segundo, un sistema de aletas movido por un motor: el aire líquido; tercero, una vejiga natatoria, colocada sobre el casco del barco, y que se pueda llenar inmediatamente por el aire líquido; cuarto, una atmósfera respirable: el aire líquido. El porvenir estaba en el aire líquido. Se discutió el proyecto. Silvestre encontraba contestación para todo. Aunque tenía más confianza en el motor de gas que en el submarino, poco a poco, hablando y hablando, se le subió el submarino a la cabeza y se entusiasmó y se entusiasmaron todos. Era admirable. Las calvas de don Eloy y de Silvestre brillaban de entusiasmo; hasta las antiparras de don Avelino centelleaban de júbilo. Lo llevarían a cabo entre los tres. ¡Ya lo creo!

Al trazar este pequeño cuadro de ciencia-ficción irónica, Baroja tuvo buen cuidado de que el reino de la fantasía no estuviese totalmente desconectado del de la verdadera técnica. El motor de aire comprimido había sido empleado, en efecto, en el submarino francés "Plongeur"; Isaac Peral usó depósitos de aire a presión para hacer respirable el interior de su artefacto; el sumergible británico "Nordenfelt" estaba diseñado con vistas a reproducir en lo posible los movimientos natatorios de los peces y la "vejiga" de Paradox tenía su equivalente en los "water-ballasts" de todos los submarinos del tiempo (2). Con ello, Baroja nos indica que su héroe no

(2) Tomo estos someros datos, con otros que siguen, de las enciplopedias *Espasa-Calpe*, *Britannica* (13th ed.) y *Harmsworth*, así como del libro de León Villanúa, *Isaac Peral, el marino popular* (Madrid, 1934).

carecía ciertamente de inventiva; lo que le faltaba eran otras muchas cosas, empezando por los medios para construir un prototipo de tamaño real, por lo cual tuvo que contentarse con fabricar un submarino de juguete en que el aire líquido brillaba por su ausencia: el motor lo constituía una máquina de reloj y la vejiga natatoria se llenó modestamente de ácido tártrico y bicarbonato de sosa, con la esperanza de que ambos compuestos reaccionasen con el agua y expulsasen el aire después de la inmersión. Las pruebas se realizaron en un estanque de la Moncloa, un día de vendaval, y Silvestre y Avelino, después de ansiosa espera, vieron con júbilo que su querido ingenio se hundía y salía del agua triunfalmente, con barro del fondo en las aletas.

Silvestre, con su audacia, hubiera querido hacer otra experiencia, pero Avelino no se lo permitió: tenía miedo de que la segunda saliese mal... Para él era lo mejor y lo más práctico intentar en seguida la construcción de un submarino en que pudieran ir los dos... La cuestión del motor la resolverían luego; el tamaño del barco lo resolverían luego; todo lo resolverían luego. La cosa era construir el submarino con sus aletas y su vejiga natatoria y probarlo en una costa cualquiera.

Faltos de apoyo financiero, la audaz empresa de nuestros dos genios terminó de esta melancólica manera:

Paradox escribió a don Eloy Sampelayo contándole las pruebas que habían hecho, y éste le dijo que, consultado un profesor de física por él, había dicho que todo lo inventado por Paradox estaba ya inventado; que los submarinos con aletas se consideraban por los técnicos primitivos e inferiores a todos los demás; que la vejiga natatoria se sustituía con ventaja por otros procedimientos. La carta fue un desencanto para Silvestre y para Diz. Pero éste, sin embargo, no se convenció del todo.

—Si alguna vez tenemos dinero, ya lo veremos —murmuró.

Ni Baroja ni nosotros podríamos exagerar sin manifiesta injusticia el paralelo entre el extravagante Paradox y el concienzudo Isaac Peral, hombre estudioso y de gran solvencia técnica, perfectamente al día en los progresos y fracasos de la navegación submarina, y cuyo prototipo, probado repetidas veces con éxito en la marina de Cádiz durante 1889-90, exhibía ya los adelantos técnicos (motor eléctrico alimentado por acumuladores "water-ballasts", hélices de propulsión vertical) de otros sumergibles estrictamente coetáneos, tales como el de Nordenfelt (1887), el de Goubet (1888), el "Gymnote" (1889) y el "Gustave Zédé" (1893). Si el gobierno español, al negarse finalmente a fabricar el submarino Peral, obedecía tan sólo a rencillas y envidias personales en el seno de la Armada (como quiere creer el biógrafo de Peral, Villanúa), o, por el contrario, se guiaba por complejos motivos de índole industrial y táctica, es cosa que no podemos resolver los legos en la materia; pero, al menos, recordemos que el invento de nuestro marino no fue ni mucho menos el único en quedar relegado al olvido en esa época de furiosa competencia en el terreno de la construcción naval. La misma suerte tuvieron otros muchos, incluidos los arriba citados, y algunos menos conocidos, como el del ruso Drzerwiecki y el del danés Hovgaard. Sólo los países que, como Francia y Estados Unidos, mantuvieron durante muchos años un ritmo constante de investigación, experimentación y perfeccionamientos sucesivos, lograron dar remate a la creación del submarino moderno en los albores de este siglo, con el "Narval" de Labeuf (1900) y los varios sumergibles norteamericanos de construcción Holland.

Tampoco Baroja sabría gran cosa de estos problemas científico-industriales. Incluso si había leído, como es probable, la famosa y profética novela de Julio Verne titulada *Veinte mil leguas de viaje submarino* (1875), es de presumir que se hubiese saltado "las disertaciones científicas largas", que le aburrían (*O. C.*, VII, 574). Lo que más le interesó del caso Peral fueron sin duda las proyecciones sintomáticas que éste tuvo al nivel de la conciencia colectiva. Las pruebas de la bahía gaditana habían desencadenado, en efecto, una verdadera epidemia de histeria patriótica, con discursos, vivas estentóreos, banquetes, visitas triunfales de Peral a Madrid, audiencias con la Reina Regente, etc. El joven Baroja, entonces alumno de medicina, asistió a una de estas manifestaciones, donde se "hicieron discursos exaltados, diciendo que el submarino Peral era una gran cosa, era la salvación de España y que los estudiantes debíamos convencer al gobierno para que construyera una escuadra de sumergibles". La respuesta que dio el futuro novelista a uno de los oradores nos resulta hoy muy comprensible:

> ...yo le dije que por patriotismo no se sabía física ni electricidad, y que era una estupidez mezclar el patriotismo en un asunto que esencialmente era de orden científico. Primeramente, había que saber si el aparato valía o no valía, y, si valía, ello mismo se impondría en seguida, y no habría necesidad de que los estudiantes se dedicaran a discursear y a pedantear... (*O. C.*, VII, 596).

Ese mismo pueblo que se intoxicaba con retórica nacionalista tenía abandonada la investigación científica, carecía de instituciones docentes adecuadas y de laboratorios, endiosaba a científicos mediocres como Echegaray o Letamendi: lacras todas que comentaría años después el mismo novelista en sus "Divagaciones sobre la cultura" (1920). La anticientífica España finisecular lo esperaba todo, a la manera de don Avelino y su compinche, de un milagro ingenioso que la pusiese de golpe y porrazo entre las grandes potencias marítimas. A esta luz, creemos, se debe ver el episodio sutilmente simbólico del submarino de Paradox, encajado con ironía y gracejo en el contexto solemne de la polémica sobre la ciencia española. Si Menéndez Pelayo, con erudición colosal, había exhumado a tantísimo sabio desconocido, ahora le tocaba a nuestro incipiente escritor poner su comentario, entre humorístico y melancólico, mediante su ficticia criatura "paradoxal": bien olvidados estaban esos talentos incomprendidos, ya que su patria, insensible a las necesidades de la verdadera cultura, los había condenado al infructuoso papel de chiflados geniales.

XI: EL EROTISMO FEMENINO
EN EL TEATRO DE GARCIA LORCA

Del mundo predominantemente masculino de su poesía (1), García Lorca pasa a otro mundo, primordialmente femenino, en su teatro, dando así a su creación artística un doble ángulo humano, que se resuelve en insospechada riqueza y profundidad, no de pensamiento, sino de vida. Este deslizamiento de puntos de vista parece también un tránsito desde el subjetivismo de la lírica al objetivismo del drama. Según Adolfo Salazar, Lorca, cada vez que terminaba una escena de *La casa de Bernarda Alba*, exclamaba con entusiasmo: "¡Ni una gota de poesía! ¡Realidad! ¡Realismo!" (2). Realidad significaría para él escapar del ámbito de su conciencia a un mundo esencialmente otro, al ámbito sin límites de la Naturaleza, donde la Mujer, siempre misteriosa para el hombre, personifica la Vida y la fecundidad, y encierra también la semilla de la Muerte (3). Estas mujeres de

---

(1) Aunque algunos de sus poemas anuncian los temas femeninos de su teatro. Véase, por ejemplo, la «Elegía» del *Libro de Poemas*, la «Canción de la madre del Amargo» (*Poemas del Cante Jondo*) o el conocidísimo «Romance de la pena negra» (*Romancero gitano*).

(2) Cit. por A. del Río, *Vida y obras de F. G. L.* (Zaragoza, 1952), 141.

(3) Cfr. E. C. Riley, «Sobre *Bodas de sangre*», en *Clavileño*, II (1951), N.º 7, p. 8-12. También E. Honig trata de la mujer lorquiana como epítome de la Vida: «Because their humanity is such an extremely procreative answer to life, they threaten to disrupt the mere man-made machinery of social law which is, finally, as substi-

las tragedias lorquianas ahíncan sus pies en la tierra, viven al ritmo de las estaciones y las cosechas, hacen correr ríos de sangre, se rodean de imágenes florales que simbolizan la belleza del mundo. El poeta ha enajenado en ellas su vida para exaltar, ahora como dramaturgo, la Vida con mayúscula.

Resulta en verdad sorprendente que, en su teatro, los protagonistas de sus obras mayores sean invariablemente mujeres, que figuras como la Zapatera, Yerma o Doña Rosita sean cifra de un mundo dramático creado por un hombre. Acostumbrados a una literatura en que el hombre cree saberlo todo, en que el hombre ama, persigue, abandona o analiza a la mujer, nos sobrecoge que ahora suceda lo contrario. Lorca ha llevado a la práctica escénica, con respecto al otro sexo, el aforismo de Antonio Machado:

El ojo que ves no es
ojo porque tú lo veas;
es ojo porque te ve.

En *Bodas de sangre*, por ejemplo, es la Madre quien nos juzga, nos ama o nos condena, en cuanto personas del sexo opuesto, a través de sus hijos, de su marido, del raptor de su nuera. Es de notar que, en las tres tragedias, los hombres o están muertos o van a ser muertos al final de la obra (4); es decir, están en situación de ser juzgados definitivamente, de ser recordados o llorados tales como "eran". Han pasado a ser objetos de conciencia, mientras que las mujeres viven y siguen viviendo: son, verdaderamen-

---

tution for life» (*García Lorca* (London, 1945), 139-140). Véase asimismo el importante estudio de Gustavo Correa, *La poesía mítica de F. G. L.* (Eugene, 1957), 54-79.

(4) Téngase en cuenta la importancia que en estas tragedias tiene el recuerdo de ciertos hombres difuntos, como el marido e hijo muertos de la Madre en *Bodas...*, o el recién finado esposo de Bernarda Alba. Éstos tienen tanto derecho a ser considerados «personajes» como los que aparecen en escena.

te, la realidad viva, el "ojo que ve" y se enrojece de lágrimas. Para efectuar esta reversión del punto de vista habitual en el artista masculino, García Lorca ha tenido que dar un salto imaginativo prodigioso.

La psicología femenina está expuesta en su teatro con una hondura y finura de matices poco corrientes. Se ha dicho a menudo que estas mujeres lorquianas apenas tienen individualidad de carácter, pero eso ¿qué importancia tiene? A Lorca no le interesaban las sutilezas de Juanita ni los melindres de Mariquita. Eso se quedaba para Benavente o los hermanos Quintero. El se enfrentó con lo genérico de la hembra humana, con el misterio existencial de la mujer y su vitalidad indestructible, sin caer por eso en la abstracción ni la monotonía, ya que sus figuras femeninas, desde la Zapatera a Bernarda Alba, están cada una sólidamente ancladas en su tierra, en su paisaje, en su clase social. Lo más impresionante en ellas es su totalidad de vida, el ser organismos de unidad indestructible, donde pensamiento, afectividad y fisiología resultan inseparables. Para fines de estudio, sin embargo, se pueden dividir estos caracteres en capas de distinto nivel psicológico y esta operación nos revelará la riqueza y verismo de la dramaturgia lorquiana. En la capa más obvia nos presenta a la mujer como ser social, sus prejuicios conservadores, su orgullo de clase, su intransigencia moral, su sentido de la familia, etc. A este nivel se encuentra el mensaje social, reformador, de su teatro, tan importante y tan poco comprendido en España (5). Sigue el plano de las relaciones amistosas,

---

(5) Véase, por ejemplo, el siguiente incomprensible juicio de A. Valbuena Prat: «...el teatro de Lorca es lo menos revolucionario que cabe imaginar. Cuatro palabras que hieren el oído burgués al uso, y la más absoluta falta de renovación y audacia en la esencia» (*Historia del teatro español* (Barcelona, 1956), 643). Creo que el primer crítico que aprecia en toda su importancia el sentido reformador del teatro lorquiano es Günter W. Lorenz, *F. G. L.* (Stahlberg, 1961), 226 y sigs.

familiares y amorosas, el mundo de la casa y las amigas, el cuidado de los niños, el comadreo con las vecinas, las labores, el vestido, los preparativos de bodas, es decir, el pequeño radio de acción del pragmatismo femenino, estupendamente observado y dramatizado por Lorca. Y por último nos encontramos en el subsuelo de la feminidad, en la caverna de su erotismo, al nivel, en parte consciente, en parte subconsciente, desde donde se rigen sus amores y sus odios. Es aquí donde la intuición del dramaturgo resulta más sorprendente y genial. Para presentarnos los estratos más externos del alma femenina bastaba con tener grandes dotes de observación, facultad que sin duda poseía Lorca en grado poco común. Para bucear, sin embargo, en estos abismos instintivos y misteriosos de la sexualidad mujeril no es suficiente observar: hay que comprender por simpatía e intuición extraordinarias. A veces no se sabe si Lorca adivina, con precisión asombrosa, ciertos aspectos de la sexualidad femenina o posee datos de psicología sexual sólo accesibles normalmente a médicos y psiquiatras (6). Pero el resultado es siempre el mismo: una iluminación prodigiosa de los fondos más arcanos de la mujer.

Luego, Lorca venció magistralmente el problema de la expresión. No bastaba saber; había que comunicar esos sentimientos que nunca, o rara vez, se dicen con palabras, y mucho menos con palabras im-

---

(6) O a personas que tienen larga intimidad sexual con una mujer, lo cual no es el caso de Lorca. Un ejemplo: la Criada, de *Bodas...*, dice a la Novia con envidia: «¡Dichosa tú que vas a abrazar a un hombre, que lo vas a besar, que vas a sentir su peso!» (F. G. L., *Obras Completas*, Aguilar, Madrid, 1957, 1117; el subrayado en las citas de Lorca es siempre mío). Las mujeres son mucho más reticentes que los hombres acerca de sus experiencias sexuales, y para obtener una confidencia de carácter tan íntimo como el placer que hemos subrayado arriba se requiere larga familiaridad entre hombre y mujer. En adelante, para las citas de Lorca nos referiremos entre paréntesis en el texto a páginas de la mencionada edición de *Obras Completas*.

presas o declamadas (7). Para ello le sirvieron a maravilla sus dotes de poeta. El arte de Lorca es sobre todo un arte verbal, y, como nota Angel del Río, su raíz "reside principalmente en una capacidad de captación semiconsciente de la palabra viva y de la imagen" (8). Gracias a este poder, el poeta desvela, con sus imágenes deslumbradoras, ciertas zonas oscurísimas de la psique femenina, que la palabra inspirada rinde ahora vibrantes de claridad y significado.

Profundos atisbos de psicología femenina se encuentran en casi todas las piezas dramáticas de Lorca, a partir de *Mariana Pineda* (9), pero nosotros concentraremos nuestra atención en los aspectos más distintamente eróticos de dicha psicología, limitán-

---

(7) Lorca abre brecha valientemente en la reticencia burguesa sobre materias sexuales, y para esto debió ayudarle su familiaridad con el pueblo sencillo, sobre todo con el rural de su región nativa. En su teatro, el lenguaje espontáneo y franco de las criadas contrasta a este respecto con los remilgos de las señoras. Recuérdese, por ejemplo, la escena en que Doña Rosita anuncia que su novio quiere casarse por poderes, a lo cual el Ama retrueca: «Y por la noche, ¿qué?» (1320), con gran escándalo de los circustantes, o el diálogo entre la Novia y la Criada en *Bodas...* (1117).

(8) *Ob. cit.*, 150.

(9) La cual, aunque resulta una figura un tanto esquemática, anticipa el fino gracejo femenino de otros personajes más logrados, como la Zapatera. Recuérdese, como muestra, su graciosa advertencia a los niños que se van a acostar: «¡Que recéis sin reíros!» (736). Mariana es, sin embargo, un personaje más visto desde fuera que desde dentro, idealizada como está contra el fondo de cautela y casi cobardía de los hombres, aunque de cuando en cuando asume su intimidad femenina, de la que tenemos un ejemplo acertado en su forma de imaginarse a Don Pedro con un atuendo varonil deslumbrante («Él vendrá como un San Jorge/ de diamantes y agua negra,/ al aire la deslumbrante/ flor de su capa bermeja», 779). Lo mismo recuerda la Zapatera a su desgarbado marido ausente cuando se le declaró: «Él venía con un traje negro entallado, corbata roja de seda buenísima y cuatro anillos de oro que relumbraban como cuatro soles» (855). Este aprecio del vestido masculino es un rasgo bien conocido del erotismo de la mujer. Cfr., por ejemplo, Havelock Ellis, *Psychology of Sex* (London, 1948), 56 y sigs.

190

donos a sus tres tragedias, que es donde éstos se
revelan con máxima claridad e intensidad (10).

* * *

Este mundo inquietante del erotismo femenino se
nos abre ya, de súbito, en las primeras frases de
Bodas de sangre. La Madre, esa mujer que tan feme-
ninamente se horroriza de las armas blancas, y que
admira la sexualidad impulsiva de los hombres (11),
se refiere al atractivo del varón en términos poco
acostumbrados, por su franqueza y expresividad:

> "Todo lo que puede cortar el *cuerpo* de un hom-
> bre. Un hombre *hermoso*, con su flor en la bo-
> ca..." (1082)
> "Primero, tu padre, que *me olía a clavel* y lo
> *disfruté* tres años escasos" (1083)
> "Dos hombres, que eran dos *geranios*" (Ibid.)
> "¿Y es justo y puede ser que una cosa peque-
> ña como una pistola o una navaja puedan aca-
> bar con un hombre, *que es un toro*?" (Ibid.)

Lo que nos sorprende aquí es, en primer lugar,
que una mujer nos hable con tanta vehemencia del
varón como objeto erótico, recalcando su interés por
el cuerpo, por su belleza física, por su olor afrodi-
síaco y el disfrute del trato sexual. Admira, además,
en un símil magníficamente conciso ("que es un to-
ro"), su bravura y energía, al par que su fuerza gené-
sica. En *La casa de B. A.*, Adela también se siente
irresistiblemente atraída por la virilidad de Pepe el

---

(10) *Doña Rosita la soltera* quedará también al margen de nuestro artículo, por ser precisamente el drama de la inhibición erótica,
del miedo burgués a la vida, cuyas consecuencias se presentan más
bien en su lado social que psicológico. Estudiar sistemática y ex-
haustivamente el erotismo de los personajes femeninos lorquianos
excedería mucho los límites de un artículo, así que nos contenta-
mos con señalar los ejemplos más salientes y reveladores.

(11) «Tu abuelo dejó un hijo en cada esquina. Eso me gusta.
Los hombres, hombres; el trigo, trigo» (1084).

Romano, a quien su imaginación da proporciones casi cósmicas y que se proyecta sobre el garañón solitario en la noche, con la intensidad de un símbolo obsesivo (12), o en la visión alucinada del amante en las cercanías de la casa, "respirando como si fuera un león" (1440). La fuerza incoercible que arrastra a la Novia al adulterio, en *Bodas*, igualmente aparece referida a un animal de gran potencia agresiva: es "como la cabezada de un mulo" (1179). Las expresiones de este tipo refuerzan una idea que aparece insistentemente, como elemento importante, en las tres tragedias, a saber, que el deseo sexual es en la mujer normal, y no sólo en las viciosas, tan fuerte y dominante como en el varón, cosa que silenciaba casi siempre la literatura pacata del siglo XIX y que aceptan muchos especialistas en psicología sexual (13). La represión violenta del instinto sexual femenino constituye el tema central de *La casa de B. A.*: esa fuerza carga la tensión neurótica que enloquece a las cinco hijas —"cinco potras", las llama gráficamente su madre—, manifestándose en actos derivativos tan reveladores como el robo del retrato, el espiar a los hombres, la exhibición de Adela con su traje verde entre las gallinas, y que estalla por fin en el suicidio de esta última.

En la mujer el instinto sexual toma a menudo la forma de ansia maternal —el tema de *Yerma*— o de solicitud y afecto obsesivos por los hijos varones. Ninguna de estas dos formas está enteramente desprovista de un cierto grado de sensualidad, como descubrió Freud para escándalo de varias generaciones. Entre las expresiones de la Madre de *Bodas* citadas arriba, algunas se refieren a sus hijos, o, indistintamente, a los hijos y al marido muerto. Es innegable su complacencia en la hermosura física de

---

(12) «El caballo garañón estaba en el centro del corral, ¡blanco! Doble de grande, llenando todo lo oscuro» (1425).

(13) Cfr. Havelock Ellis, *Ob. cit.*, 257-266.

sus criaturas, y en su hermosura "como hombres", es decir, como objetos de apetencia sexual, si no para ella, para el resto de las mujeres (14). Así no es extraño que, al producirse el rapto de la Novia, la Madre transfiera a sí misma los celos del hijo ultrajado —celos de amante, ofendida por la traición de una rival para con el amado común—, y pida a grandes voces, como el Richard III shakespeariano, un caballo con que perseguir a los adúlteros. Una de las grandes intuiciones de Lorca es, precisamente, ésta de la relativa intercambiabilidad del erotismo femenino, que se proyecta a veces sobre objetos sexualmente inadecuados o establece tensiones emocionales cuya satisfacción física resulta imposible. A todo lector habrá sorprendido un pasaje impresionante del Acto III de *Bodas*, en que la Mendiga, con ser simbólica de la Muerte, se dirige al Novio con fraseología sensual de hembra en celo: "¡Qué espaldas más anchas! ¿Cómo no te gusta estar tendido sobre ellas y no andar sobre las plantas de los pies, que son tan chicas?" (1164) (15).

Otra de las cosas que chocan en las frases de la Madre enumeradas arriba son las referencias metafóricas al varón como "clavel", "geranio", "un hombre hermoso, con su flor en la boca" (16). Las imágenes y alusiones florales, tan abundantes en las dos primeras tragedias (17), y casi siempre referidas

---

(14) Otro ejemplo de la misma actitud, en palabras de la Madre: «¡Veintidós años! Esa edad tendría mi hijo mayor si viviera. Que viviría *caliente y macho* como era, si los hombres no hubieran inventado las navajas» (1109).

(15) Lorca personifica aquí a la muerte siguiendo la tendencia que los antropólogos denominan «animismo» o «animatismo», y la sexualización de dicha personificación no es del todo inusitada. Cfr. el artículo *animism* en *Encyclopaedia of Religion and Ethics*, ed. by J. Hastings, Edimburgh, 1908.

(16) A E. Riley (*Art. cit.*, 9) le parece «sorprendente» la idea lorquiana de la «flor de hombría».

(17) Sobre todo en *Bodas...* Cfr., a más de las citadas, las siguientes: «Duérmete, clavel... Duérmete, rosal» (1096); «Hoy está como una dalia» (1097); «Sobre la flor del oro / traen a los novios

193

a hombres o niños, más que a mujeres, nos sorprenden precisamente por esto último, por ser el reverso de la situación normal en que el varón requiebra a la hembra comparándola a una flor. Esta costumbre tan antigua, y ahora tan inocente, ha tenido sin duda en su origen un significado erótico, basado en el hecho de ser las flores los órganos sexuales de las plantas (18). Lo que ha hecho Lorca es, simplemente, invertir la dirección del piropo, que ahora va de la hembra al varón en vez de lo contrario. En algún caso, el poeta saca a la superficie esta connotación erótica desgastada por el uso, como en la escena de las lavanderas de *Yerma*, donde las mujeres cantan los laudes del sexo y la fecundidad con imágenes inequívocas:

> Por el monte ya llega
> mi marido a comer.
> Él me trae una rosa
> y yo le doy tres.
> ....

del arroyo» (1177); «Pero mi hijo es ya un brazado de flores secas» (Ibid.). «Girasol de tu madre» (1181). En *La casa...* las imágenes florales escasean y en *Doña Rosita* no se trata de flores referidas a personas, sino con un valor emblemático abstracto, simbolizando cualidades y pasiones.

(18) El sexo de las plantas es conocido desde muy antiguo y se le ha asociado a menudo con la sexualidad humana. Cfr. Sir J. G. Frazer, *The Golden Bough* (abridged ed.) London, 1925, 114-115 y 135-136. Flora parece haber sido una vieja deidad itálica más tarde relacionada con Venus, y en las «floralias» que se celebraban en su honor en el mes de abril se entregaban los celebrantes a excesos sexuales, hasta el punto de que las prostitutas las consideraban su fiesta gremial. Cfr. W. W. Fowler, *The Roman Festivals* (London, 1899), 92-94. Modernamente no cabe duda que las flores juegan un papel importante en el simbolismo del cortejo y del matrimonio (Cfr. Lillian Eichler, *The Customs of Mankind*, London, 1924, 239-240 y 275) y el lenguaje popular usa metáforas florales de significación sexual, como *desflorar* o *capullo* (que en Andalucía, al menos, es el nombre vulgar del glande del pene). Lorca mismo llama «flor martirizada» al sexo violado de Thamar en el conocido poema del *Romancero gitano*.

Hay que juntar flor con flor
cuando el verano seca la sangre al segador.
....
Alegría, alegría, alegría,
ombligo, cáliz tierno de maravilla.

En el Cuadro II de la misma obra, mientras Yerma
suplica en la ermita el don ansiado de la maternidad
("Señor, que florezca la rosa"), el pueblo se entrega
a una inebriante ceremonia de danzas y cantos que
constituyen un verdadero "fertility rite", y en el que la
virtud fecundante se invoca con insistentes imágenes florales.

De las figuras femeninas trazadas por Lorca, una
de las más complejas y turbadoras es la Novia de
Bodas de sangre. Lejos de resultar "hueca" o movida
arbitrariamente por el autor, como quiere algún crítico (19), este personaje revela la profundidad y la
fuerza de sus motivaciones de manera inigualable.
Durante los preparativos de boda y la boda misma,
su lucha interior permanece explicablemente disi-
mulada, aunque se traiciona en su nerviosismo, en
el sobresalto que le produce oír el galope del caballo
de Leonardo, en el tenso quid-pro-quo con este último antes de salir para la iglesia. Sin embargo, no
hace falta ser un lince para sospechar lo que sucede: la muchacha, ya en un estado de plena capacidad sexual (22 años), se siente fuertemente atraída,
más que por su prometido, tímido y virgen, por su
antiguo novio, es decir, por el hombre que despertó
su sensualidad adolescente y que además tiene ahora para ella el aliciente de su experiencia sexual,
por ser casado (20). Todo esto se nos declara paten-

(19) Cfr. A. Valbuena, *Ob. cit.*, 643.
(20) Casos parecidos de regresión al «primer amor» los hay a
millares en la vida y en la literatura. Recuérdese, como muestra,
el primer amor de Bradomín, «la pobre Concha», que reincide
con su seductor en la *Sonata de Otoño*, o el cuento de James Joyce
«The Dead» en *Dubliners*.

temente en su confesión final ante la Madre, que
recuerda, por su bella fogosidad, al monólogo de la
Tisbea tirsiana abandonada por Don Juan: "Yo era
una mujer quemada... y tu hijo era un poquito de
agua, pero el otro era un río oscuro, lleno de ramas,
que acercaba a mí el rumor de sus juncos y su can-
tar entre dientes... el brazo del otro me arrastró como un golpe de mar..." (1179) (21). La Novia huye
con su amante a la desesperada, por un impulso
irresistible, pero sin esperar ninguna satisfacción duradera ("No quiero/contigo cama ni cena") y mor-
talmente angustiada por la destrucción de su raptor,
que sabe inevitable. Su reacción es adoptar una postura protectora y al mismo tiempo servil, con el típico masoquismo moral de la mujer que se sabe
perdida por un amor reprobable. Vigilará su sueño...

> Desnuda, mirando al campo,
> como si fuera una perra,

y le pide sarcásticamente que la envilezca aun más
exhibiéndola por todas partes como colmo de la des-
vergüenza:

> Llévame de feria en feria,
> dolor de mujer honrada,
> a que las gentes me vean
> con las sábanas de boda
> al aire como banderas. (1169)

---

(21) Cito el texto abreviadamente por la necesidad de ahorrar
espacio. Este trozo es objeto de un penetrante comentario por A. de
la Guardia, *G. L. Persona y Creación*, Buenos Aires, 1944, 271. Resulta interesante la coincidencia, que yo sepa inadvertida, con el
pasaje aludido de *El Burlador de Sevilla* (I, 18): en uno y otro las
imágenes dominantes son el fuego y el agua, que representan respectivamente el ardor sexual y la necesidad de apaciguarlo. Tisbea
llama sugestivamente a Don Juan «Nube que del mar salió/ para
anegar mis entrañas», y el estribillo de su lamentación es «¡Fuego,
fuego, zagales, agua, agua!».

Tras de la derrota y la vuelta a la familia, su defensa es en parte hipócrita, como suele ser en la mujer que se cree degradada por un amor ilícito y siente necesidad de rendir homenaje al mismo tabú que ha infringido negando su culpa. Las protestas de virginidad no son raras en las muchachas que la han perdido o han querido perderla, como le ocurre a la Novia: "Enciende la lumbre. Vamos a meter las manos; tú, por tu hijo; yo, por mi cuerpo" (1180). Todas estas cautelas —destinadas a aplacar la indignación de la sociedad ofendida— contrastan con la magnífica descarga introspectiva que acabamos de citar.

En ella encontramos una versión casi freudiana (22) de un antiguo tópico literario, la omnipotencia de Eros. Aparte del fuego tradicional, que "quema", "llaga", "hiere", etc., el cuerpo y el alma del amante, Lorca ha empleado aquí símbolos nuevos y poderosos, centrados en la idea de agua en las formas de "río" y "golpe de mar", es decir, corrientes impetuosas. Estos símbolos tienen, *prima facie*, un valor perfectamente lógico y consciente (23), ya que expresan la impulsividad del instinto erótico, pero, en un nivel más profundo, y menos racional, coinciden con el fenómeno que los psicólogos llaman "undinismo", fenómeno que juega un papel importante en el erotismo infantil y femenino. Las tragedias lorquianas están llenas de ríos, hilos de agua, arroyos, rumores de acequias, etc., unas veces con valor simbólico más o menos claro, otras en sentido literal, pero siempre sugiriendo, de manera misteriosamente insistente, la excitación sexual relacionada con el co-

---

(22) Es probable que Lorca leyese a Freud (Cfr. A. de la Guardia, *Ob. cit.*, 319), pero resulta prácticamente imposible determinar hasta qué punto su descripción de estados subconscientes es genuinamente tal o basada en conocimientos psicoanalíticos. Alfredo de la Guardia (*Ob. cit.*, 320) cree que la pieza más «freudiana» de Lorca es *Así que pasen cinco años*.
(23) Que estudia en detalle G. Gorrea, *Ob. cit.*, 64-69.

rrer del agua (24). La eficacia de los símbolos lorquianos se debe en gran medida a su extraordinaria continuidad. En *Yerma* y *La casa de B. A.* volvemos a encontrar numerosas imágenes acuáticas. A veces, éstas toman la forma obvia y tradicional de la sed como símil del deseo genésico (ya sea en su fin inmediato de copulación o en su objetivo ulterior de procreación (25)), pero tratadas de manera impresionante por su insistencia obsesiva. Las hijas de Bernarda Alba, atormentadas por el calor estival (y por su hambre de varón), están siempre sedientas, con las fauces secas (26), se levantan continuamente a beber agua por la noche. Pero en otros casos, las referencias a ríos o mares parecen más oscuras y subconsceintes, como cuando Adela predice el momento en que sus hermanas, hartas de refrenar sus instintos, "se pongan en cueros de una vez y se las lleve el río" (1405), o cuando la abuela loca, con su cordero simbólico en los brazos, declara: "Me escapé porque me quiero casar, porque quiero casarme con un varón hermoso de *la orilla del mar*, ya que aquí los hombres huyen de las mujeres" (1380); y otra vez: "vámonos a la orilla del mar" (1435).

Otro notable ejemplo de la continuidad y oportunidad psicológicas de la simbología lorquiana se encuentra en *Bodas de sangre* y *Yerma*. La complacencia de las mujeres en la ropa doméstica le sirve al poeta para entretejer una bella constelación de símbolos alrededor del lecho conyugal. La blancura de las sábanas es para la Madre, en *Bodas*, un emblema

---

(24) Debida, según algunos tratadistas de psicología sexual, a su parecido con la micción y a la vecindad de los órganos genitales y urinarios. Cfr. Havelock Ellis, *Ob. cit.*, 142.

(25) *Yerma* expresa así su ansia de maternidad: «Quiero beber agua y no hay vaso ni agua» (1224).

(26) Adela está dispuesta a todo «para apagarme este fuego que tengo levantado por piernas y boca» (1392), donde se ve muy bien la conexión de la sed con las extremidades activas en el coito. Poco más abajo dice de Pepe el Romano: «Mirando sus ojos me parece que *bebo* su sangre lentamente».

de pureza ("La honra más limpia que una sábana puesta al sol", 1108) y, lógicamente, para la novia mancillada por el adulterio, esta prenda de su intimidad sexual se convierte en objeto de escarnio y desafío ("con las sábanas de boda/al aire como banderas") en los versos citados hace poco. Antes de la huída, la Criada le había señalado la limpieza y adorno de la cama como cifra de la entrega gozosa en el matrimonio: "¡Pero niña! Una boda, ¿qué es?... Es una *cama relumbrante* y un hombre y una mujer" (1117). Yerma también se refiere a las sábanas para expresar su alegría y esperanza en el connubio: "Yo conozco muchachas que han temblado y que lloraban antes de entrar en la cama con sus maridos. ¿Lloré yo la primera vez que me acosté contigo? ¿No cantaba al levantar los embozos de holanda? ¿Y no te dije: ¡Cómo huelen a manzanas estas ropas!?" (1186).

También nos referiremos a dos clases de objetos cuya eficacia simbólica parece más bien basarse en un mecanismo inconsciente: los cuchillos y los pájaros. La famosa elegía del "cuchillito", al final de *Bodas*, produce una sensación inquietante, como si encerrase un simbolismo ambiguo y en contradicción con su sentido obvio:

Con un cuchillo,
con un cuchillito
que apenas cabe en la mano,
pero que penetra fino
por las carnes asombradas
y que se para en el sitio
donde tiembla enmarañada
la oscura raíz del grito. (1182)

El tono y la andadura de estos versos, la asonancia en í-o, la leve aliteración de eses en la quinta línea, sugieren un deslizamiento placentero-doloroso, una cierta dosis de sadismo inconsciente, y esta sospecha se acentúa cuando leemos en Freud (27) que los sueños obsesivos de persecución por un hombre armado de cuchillo o navaja, muy frecuentes en las mujeres, revelan un temor subconsciente a la desfloración. En los versos de Lorca, además, el cuchillo se nos describe más abajo como "pez sin escamas ni río" (1182), reforzando así el simbolismo fálico del arma blanca con las asociaciones obscenas del pez (28). Claro que este fondo ambiguo no parece lógicamente aplicable a la situación concreta que nos ocupa, donde una madre lamenta la muerte violenta de su hijo, pero, por una parte, esta madre podría dar así salida inconsciente al horror que le produce, no sólo la muerte del hijo, sino también el acto de rapacidad sexual a que ésta, en última instancia, se debe; y, por otro lado, no olvidemos que los versos en cuestión, más que un lamento de la Madre en particular, son un motivo poético hasta cierto punto impersonal, presentado en forma de dúo entre dos personajes (la Madre y la Novia), con lo que la ancestral asociación de sexo y violencia, de amor y muerte (que en realidad constituye el tema central del drama) queda poéticamente realzada y resumida.

En la misma obra, la Novia se confiesa impotente para rechazar la atracción de Leonardo: "...el otro me mandaba cientos de *pájaros* que me impedían el andar y que dejaban escarcha sobre mis heridas de

---

(27) «The representation of the penis as weapon, cutting knife, dagger, etc., is familiar to us from the anxiety dreams of abstinent women in particular and also lies at the root of numerous phobias in neurotic people» (*The Complete Psychological Works of Sigmund Freud*, XII, London, 1958, 185.).

(28) A menudo simbólico del miembro viril en el folklore de muchos pueblos. Lorca lo usa a veces con este matiz sensual, más o menos claro, como en la canción de Belisa en *Amor de don Perlimplín*: «Amor, amor / entre mis muslos cerrados / nada como un pez el sol» (897). Sobre este punto, cfr. G. Correa, *Ob. cit.*, 169.

pobre mujer marchita, de mujer acariciada por el fuego" (1179). El mismo personaje, durante su huída con Leonardo, le dice a éste cómo la pasión la arrastra irremediablemente hacia él:

> ...porque me arrastras y voy,
> y me dices que me vuelva
> y te sigo *por el aire*
> como una brizna de hierba. (1168)

Aquí tenemos dos imágenes cuya innegable estirpe sexual subconsciente nos revela el psicoanálisis, ya que el vuelo significa, en los sueños, el deseo insatisfecho de cohabitación, y el pájaro ha sido, desde tiempos inmemoriales, una figuración folklórica del miembro viril (29). Otro ejemplo sorprendente y bellísimo de este simbolismo ornitológico lo tenemos en *Yerma*, donde María describe a la protagonista las sensaciones inefables de la noche de bodas, en que ella y su marido querían concebir un hijo: "...la noche que nos casamos me lo decía constantemente con su boca puesta en mi mejilla, tanto que a mí me parece que mi niño es un *palomo de lumbre* que él me deslizó por la oreja" (1191) (30). O en la conocida metáfora del mismo personaje, según la cual llevar una criatura en las entrañas es como tener "un pájaro vivo apretado en la mano... pero por dentro de la sangre" (1190), frase asombrosamente gráfica en la que, a la inexpresable ternura de la madre, se une el eco subconsciente de la excitación vaginal experimentada en el acto genésico.

---

(29) Cfr. S. Freud, *Comp. Psych. Works*, XI, 125-126. Freud aduce como ejemplos los falos alados de los antiguos, el mito de la cigüeña que trae niños, el sentido popular obsceno de «uccello» en italiano y del verbo «vögeln» en alemán, etc.

(30) Símil muy apropiado, además, por aludir a la importancia del oído como zona erógena. En el diálogo entre el Maniquí y el Joven en *Así que pasen cinco años* (1009-1015) hay asimismo algunos pájaros descaradamente freudianos.

Yerma es quizás la obra de Lorca que revela mayor penetración en la psicología y fisiología femeninas. El deseo puramente carnal es, en esencia, igual en el hombre que en la mujer, aunque se manifieste de formas diferentes, pero para describir los sentimientos y sensaciones de la maternidad es más necesario que nunca poseer las excepcionales capacidades intuitivas del poeta granadino (31). La figura de Yerma es un prodigio de adivinación de una psicología radicalmente extraña al hombre, un personaje comparable a Madame Borary o a Ana Karenina, a pesar de su relativo esquematismo. Los diálogos entre Yerma y María o la Vieja Pagana, la incesante búsqueda del secreto de la fecundidad por parte de la primera, los comentarios maliciosos de las lavanderas, todo este mundo intensamente femenino, lleno de corazonadas y prejuicios, constituye una espléndida antología de creencias y sentimientos populares acerca de la sexualidad, que no podemos examinar aquí en detalle. Fijémonos tan sólo en algunas notables intuiciones del dramaturgo sobre el erotismo maternal.

Yerma es la más "fisiológica" de las tragedias lorquianas. Las conversaciones entre Yerma y María, sobre todo, con su riqueza de detalles obstétricos y pediátricos, resultan a veces demasiado gráficas para el gusto masculino, aunque una mujer de sensibilidad maternal pueda juzgarlas desde un ángulo muy diferente. En ellas no falta nada, ni las precauciones que debe tomar la preñada, ni las patraditas del feto, ni los berrinches de la criatura, que "lloraba como un torito, con la fuerza de mil cigarras cantando a la vez, y nos orinaba y nos tiraba de las trenzas, y

---

(31) «Sentir el ansia de maternidad insatisfecha que troncha tanta alegría femenina es casi un milagro en García Lorca. Que un hombre pueda concebir esa tragedia y hacer su poema es realmente una sorpresa», escribe María Teresa Babín, «Narciso y la esterilidad en la obra de G. L.», en *Revista Hispánica Moderna*, XI (1945), 48-51.

cuando tuvo cuatro meses nos llenaba la cara de arañazos" (1192). Para Yerma, todas estas molestias son motivo de alegría, incluso los dolores de la lactancia con un pecho agrietado, incluso el derramamiento en el parto de "la mitad de nuestra sangre", o el susto de las primerizas a las torturas del alumbramiento. Ella, en cambio, ansiosa de hijos hasta el punto de contar los "dos años y veinte días" que lleva casada sin tenerlos, se ve privada de estos confortantes sufrimientos físicos, y padece en vez un insoportable dolor moral, en que la sangre que no ha vertido "se le vuelve veneno". Su único consuelo es imaginar esperanzadamente los placeres de la lactancia. En un bello diálogo metrificado fantasea que el hijo futuro le pide el pecho:

¿Qué pides, niño, desde tan lejos?
Los blancos montes que hay en tu pecho (1187)

o se dirige, con una especie de narcicismo invertido, a sus senos estériles, cuyo volumen inútil le atormenta como una verdadera neuralgia:

Estos dos manantiales que yo tengo
de leche tibia son en la espesura
de mi carne dos pulsos de caballo
que hacen latir la rama de mi angustia.
¡Ay, pechos ciegos bajo mi vestido!
¡Ay, palomas sin ojos ni blancura!
¡Ay, qué dolor de sangre prisionera
me está clavando avispas en la nuca! (1226)

No creo que nadie haya expresado mejor que Lorca en este pasaje la transferencia psicosomática de un dolor moral a la percepción de la propia anatomía. Los órganos que en la mujer normal son zona erógena y localización de afectos maternales, en Yerma se tornan centro de sensaciones penosas, por un mecanismo de auto-reproche corriente en algunos estados históricos (32).

Otras veces, por el contrario, sus fantaseos la llevan a una vívida adivinación de los placeres de la maternidad en términos crudamente fisiológicos, pero penetrados de una dulzura indefinible, muy expresiva de la delicada relación madre-hijo y del tenue erotismo asociado a las sensaciones de la lactancia (33):

> Los animales los lamen, ¿verdad? A mí no me da asco de mi hijo. Yo tengo la idea de que las recién paridas están como iluminadas por dentro y los niños se duermen horas y horas, oyendo ese arroyo de leche tibia que les va llenando los pechos para que ellos mamen, para que ellos jueguen hasta que no quieran más, hasta que retiren la cabeza: "Otro poquito más, niño...", y se les llene la cara y el pecho de gotas blancas. (1237)

También es interesante ver cómo relaciona Yerma su infecundidad con la psicología del acto sexual. Ella cree que aquella se debe a falta de amor y voluntad procreadora por parte de su marido, que "cumple" sus deberes maritales, pero nada más (34). Su frigidez sexual está magníficamente reflejada en las sensaciones de su mujer, quien le nota "la cintura fría, como si tuviera el cuerpo muerto" y quisiera compensar esta deficiencia del varón acrecentando su

---

(32) Véase, por ejemplo, el Caso 2 estudiado por Freud en «Studies on hysteria», *Comp. Psych. Works*, II, 48-105.

(33) Sobre el placer vaginal resultante de la lactancia, véase Havelock Ellis, *Ob. cit.*, 41-42.

(34) Claro que Yerma está en un error. Tal como plantea el caso el dramaturgo, la única explicación biológica de la falta de hijos se encontraría en la esterilidad de Juan, quien adolece de «impotentia generandi», aunque no de «impotentia coeundi». Pero es un error explicable, y de hecho frecuente, en personas de escasa cultura médica. Cfr. G. Lorenz, *Ob. cit.*, 251-254.

propio ardor ("quisiera ser en aquel instante como una montaña de fuego", 1239), cosa imposible sin una sutil armonización psicofísica de ambos participantes. Lo insatisfactorio de su vida marital se nos revela en una frase, inolvidable por su exactitud psicológica, sobre el marido que la deja "en la cama con los ojos tristes mirando al techo y se da media vuelta y se duerme" (1200). Ambos padecen una falta de compenetración erótica (35), que Yerma podría haber experimentado con el ahora inalcanzable Víctor, y, tras su desacertada unión con Juan, su fracaso sexual la conduce a una frigidez cada vez mayor e incluso a una fuerte repugnancia por el trato carnal (36), que culmina en la repulsa y asesinato del esposo. La trágica aversión que aquélla concibe por éste resulta inexplicable por el solo motivo de no haberle dado hijos, y Lorca ha hecho muy bien en sugerir, con pocos pero magistrales toques, la incompatibilidad sentimental (37) y sexual en que descansa la verisimilitud psicológica del desenlace. En realidad, ambos móviles resultan inseparables, ya que el acuciante hambre maternal de la heroína puede ser tanto la causa como el resultado de su insatisfacción amorosa. No es sólo que Yerma llegue a aborrecer a Juan porque éste no la fecunda; es también la frialdad de sus relaciones maritales la que la hace exacerbar ese deseo torturante de hijos en los que

---

(35) Yerma contesta negativamente a la pregunta de la Vieja Pagana, que le dice: «¿No tiemblas cuando se acerca a ti? ¿No te da así como un sueño cuando acerca sus labios?» (1199).

(36) Yerma parece «aceptar» simplemente la necesidad del coito para tener hijos, no desearlo, como cuando dice: «No soy una casada indecente, pero yo sé que los hijos nacen del hombre y de la mujer. ¡Ay, si los pudiera tener yo sola!». Un poco más abajo manifiesta su asco por el acto sexual, que le parece injustificado si no sirve para procrear: «¿Es preciso buscar en el hombre al hombre nada más?» (1200); «...yo, que siempre he tenido asco de las mujeres calientes...» (1239).

(37) Juan se nos presenta como un hombre poco efusivo, excesivamente preocupado de su hacienda en detrimento de sus relaciones conyugales.

volcar su afectividad insatisfecha (38). Verdad es que, confrontada con la Vieja Pagana, madre de catorce hijos sin quererlo, mujer de una psicología radicalmente extraña a la de Yerma, ésta declara que, desde su noviazgo, quería a Juan solamente para padre; pero esto sólo indica que su elección de marido fue equivocada, ya que Víctor despertaba en ella emociones más puramente eróticas (39). Con certero instinto dramático, Lorca ha hecho de la frustración maternal la clave de la tragedia, pero ha tenido igualmente el acierto de dar a esta clave central una ancha y compleja base psicológica en la frustración erótico-sentimental de la protagonista.

* * *

Al finalizar estas notas, esperamos que hayan servido para iluminar, siquiera muy parcialmente, el gran talento dramático de Federico García Lorca, es decir, su maravilloso don de penetración "en los otros", y en alguien tan radicalmente "otro" como es la mujer para el hombre. Estas sorprendentes intuiciones del mundo femenino se complementan con la confrontación de un potente erotismo inconfun-

(38) Están en un palmario error los que achacan a Lorca haber falseado el carácter de Yerma por su fidelidad a ultranza y por su sentido del «honor», que no tiene nada de convencional ni de libresco, como cree Valbuena (*Ob. cit.*, 643). Por una parte, la larga tradición monogámica de la mujer española, vinculada a fuertes motivos religioso-sociales, justifica perfectamente la actitud de la heroína. Por otro lado —y esto es más importante aún psicológicamente—, pocas mujeres se entregan a un amor ilícito con el solo fin de procrear. El amor maternal no es enteramente separable del amor conyugal; el bienestar psíquico de la familia normal descansa en un sutil equilibrio de relaciones eróticas complejas, y basta que falle una de ellas para que todo se venga abajo. Este es el caso de Yerma, que no mata a su marido por creerle estéril, sino por creerle «culpable» de haber envenenado la atmósfera familiar. Recuérdese a este respecto el resentimiento de la heroína por la interferencia, imprudente e insultante, de las dos cuñadas traídas por Juan para vigilarla.
(39) «Otra vez el mismo Víctor, teniendo yo catorce años (él era un zagalón), me cogió en sus brazos para saltar una acequia y me entró un temblor que me sonaron los dientes» (1199).

diblemente masculino. Es el choque de ambos lo que
levanta el chispazo mágico de la tragedia. Si en los
tres dramas de sangre se cierne dominadora el alma
de la hembra, las figuras angulosamente viriles de
Leonardo, Víctor o el invisible Pepe el Romano sugieren con concisión un transfondo de vitalidad con-
trapuesta y complementaria (40). Y en otras obras
teatrales más ligeras los caprichos sexuales del varón
se explayan con vividez y desparpajo inigualables
(41). El orbe dramático de Lorca tiene la originalidad
de esta doble visión no unificada cerebralmente, sino escindida con la palpitación de lo vivo. Más que
muchos personajes literarios, los suyos podrán resultar primitivos o genéricos, pero no cabe duda de
que viven. Y viven, entre otras razones, por estar
fuerte y bellamente sexuados.

---

(40) Recuérdese la virilidad posesiva de Leonardo, tan bien subrayada por el simbolismo de su caballo incansable, o los comentarios sobre el rapto, tan típicamente masculinos, de los Leñado-
res («Hay que seguir la inclinación»... «El cuerpo de ella era
para él, y el cuerpo de él para ella», 1156-57); la hombría, entre
comprensiva y huraña, de Víctor y su consejo, afectuosamente
brutal, a Juan («que ahonde», 1195); la ingenua sexualidad de Eva-
risto, el marido de la Poncia («Ven que te tiente», 1386); el segador «de ojos verdes, apretado como una gavilla de trigo» (1395)
que contrata a una mujer de la vida para divertirse en el olivar
con sus compañeros.
(41) Pocos personajes han expresado su rijosidad con más gra-
cioso fuego que el Alcalde de *La zapatera prodigiosa*: «¡Qué de-
sengaño del mundo! Muchas mujeres he conocido como amapolas,
como rosas de olor..., mujeres morenas con los ojos como tinta
de fuego, mujeres que les huele el pelo a nardos y siempre tienen
las manos con calentura, mujeres cuyo talle se puede abarcar con
estos dos dedos, pero como tú, como tú no hay nadie. Anteayer
estuve enfermo toda la mañana porque vi tendidas en el prado
dos camisas tuyas con lazos celestes, que era como verte a ti, zapatera de mi alma» (859). Las figuras de Belisa (*Amor de don
Perlimplín*) y doña Rosita (*Retablillo de don Cristóbal*), psicológicamente huecas, no son más que un descarado ensueño masculino de impudicia femenil.

XII: MARIONA REBULL
O LA BURGUESIA INUTIL

A Mathilde y Albert Bensoussan, en re-
cuerdo de una conferencia y de ciertas
cigalas inolvidables.

Ahora que está de moda la sociología literaria, volvamos la vista a una novela largo tiempo olvidada,
a *Mariona Rebull*, la mejor obra, a pesar de ser la
primera, de una serie titulada *La ceniza fue árbol*, y
que continuó con *El viudo Rius* (1945), *Desiderio*
(1957), *19 de julio* (1965) y *Guerra civil* (1972). En esta
serie se pretende novelar la vida de Barcelona durante el último medio siglo, pero no a la manera
unanimista o colectivista que han usado, por ejemplo, John Dos Passos y Cela, sino más bien al estilo
de Galsworthy en su *Forsyte Saga* (1), es decir, cen-
trándose en la vida de una familia y sus sucesivas
generaciones; Barcelona es sólo el fondo, aunque sea
un fondo esencial e inseparable de sus personajes.
Ahora bien, las novelas de esta serie son separables
entre sí, se pueden leer independientemente unas de
otras, y, como todo el mundo ha notado, *Mariona* es
la mejor. Las otras están bien escritas, con persona-

---

(1) *Vide* Dámaso Santos, *Generaciones juntas* (Madrid, 1962),
12. El presente trabajo reproduce, con ligeras modificaciones, una
conferencia dada en la Universidad de Rennes el 16 de abril de
1969. Cito (con el número de página entre paréntesis), por las
siguientes ediciones: *Mariona Rebull*, 9.ª ed., Destino, Barcelona,
1953; *Desiderio*, 4.ª ed., Planeta, Barcelona, 1959.

jes bien delineados y analizados, incluso con un fondo social-económico mucho más rico y detallado que el de la primera (2). Pero, por otro lado, les falta fuego, les falta chispa. Sus personajes van a la deriva, sin voluntad de ser, o porque ya están hechos, como Ríus, o porque son blandos e insignificantes, como su hijo Desiderio. Les *pasan* cosas, pero hacen poco, y *son* poco. *Mariona*, en cambio (la novela, no el personaje), tiene una cosa que debe tener toda buena novela: *tensión*. Tensión no es "suspense", ni intriga. Es una dinámica, una fuerza en desequilibrio que sale del autor para cargar de energía a los personajes. Y no me refiero a energía vital, de los personajes, sino a energía artística. Los personajes pueden ser pasivos y sin embargo significativos, nunca insignificantes. La novela adquiere dramatismo, en sus más nimios detalles, porque el autor quiere decir algo, y decirlo de forma novelística, encarnado en sus criaturas. En otras palabras, la novela tiene un tema y un mensaje, por impersonal que parezca. No es un retratar pasivo, sino un *decir* activo. La vida es dinamismo, tensión. Lo que el autor dice en la novela sobre la vida se llena también de dinamismo. Esto es lo que diferencia a *Mariona* de las otras obras de la serie (3).

Permítaseme que haga aún otras reflexiones de carácter general, necesarias para entender el sentido de esta novela. Desde el punto de vista de la técnica, *Mariona Rebull*, como las demás obras de Agustí —y como tantas otras novelas de la postguerra en Es-

_____

(2) Y que en *Desiderio*, por lo menos, es excesivamente prolijo, con mucho de materia muerta. *Vide* J. L. Alborg, *Hora actual de la novela española* (Madrid, 1958), I, 127. *Mariona*, en cambio, tiene una concisión dramática mucho más eficaz artísticamente.

(3) Se podría argüir que Desiderio, aunque insignificante como hombre, tiene también «significación» por contraste con su padre. Lo malo es que, desde el punto de vista temático, esto es una pura repetición. Desiderio, así como su mujer Crista, son casi dobles de Mariona. Cambia el ambiente, la época, los detalles, pero lo esencial ya está dicho.

paña— es un estupendo anacronismo. Se ha dicho
que es una narración del siglo XIX, y con razón. Se
basa en todos los principios de la ficción decimonónica: omnisciencia del autor, análisis psicológico de
los personajes, imparcialidad del novelista, que nunca se inmiscuye para dar su opinión, descriptivismo
del medio físico, etc., etc. Hasta tiene, en el capítulo
XIII, una escena costumbrista: la Fiesta Mayor en el
campo catalán, con su misa, su concierto de banda,
su baile al aire libre. Pero no hay que desdeñar el
valor de ciertos anacronismos. Don Juan Valera, que
no tomaba en serio el naturalismo, era un anacrónico
entre sus contemporáneos. Agustí es el Valera de
nuestro tiempo: liberal y conservador a la antigua,
escritor fino, reposado, nada ruidoso; de una ironía
suave y penetrante. Como Valera, es un gran psicólogo. Y como Valera también, que, a pesar de sus
buenos modales, era más audaz de lo que parecía,
Agustí —dentro de su conservadurismo— es más crítico y más de nuestro tiempo de lo que parece a
primera vista.

Anacronismo o no, *Mariona Rebull* tiene el sello
de las grandes novelas del siglo XIX. No creo estar
exagerando demasiado. Como en esas obras maes-
tras, en la novela de Agustí se da una integración
casi perfecta entre individuo y sociedad. Sus héroes
—incluso los personajes secundarios— son individuos, seres concretos, de carne y hueso. Pero, siendo
individuos —y, por tanto, irrepetibles, no genéricos—
llevan en ellos su sociedad, los problemas y las tensiones de su clase, de su ciudad, de su país, de su
época. Nos dicen tanto sobre el alma humana como
sobre la sociedad en que vivieron. Psicologismo, por
un lado; pintura y análisis de la sociedad, por otro.
Y ambas cosas fundidas indisolublemente, no yuxta-
puestas; fundidas en el personaje, que es, al mismo
tiempo, un hombre o una mujer bien concretos, pero un hombre o una mujer no aislados, no adámicos,

sino "hechos" y actuantes en una sociedad, que llevan consigo. Esa es la gran fórmula de la novela del XIX, y la que Ignacio Agustí (gran admirador de esa escuela) ha querido y conseguido realizar en *Mariona Rebull*.

Otro mérito de esta novela es la de ser una obra maestra de psicología amorosa, cosa poco común en nuestro país. Se ha dicho que *Mariona* es una novela muy europea (4), pero no lo es sólo por su ambiente (Barcelona, más europea que el resto de España), sino por ser un gran idilio al revés, una gran historia de desamor, donde la vida sentimental se analiza con una finura de matices y una seriedad poco frecuentes en España. España no ha producido nada semejante a *Manon Lescaut*, a *Werther*, al *Adolphe* de Constant. Otra vez es Valera —fino analizador de corazones femeninos— el único antecedente de Ignacio Agustí.

Mariona Rebull (1944) se publicó en una época en que casi no había novelas en España. Con la excepción de *Pascual Duarte* (1942) y, poco después, *Nada*, de Carmen Laforet, un desierto; unas pocas traducciones, de autores mediocres: Vicky Baum, Cecil Roberts, Stephan Zweig, Somerset Maugham. Por eso quizás despertó gran entusiasmo. Azorín, desde la cumbre prestigiosa de una generación ya clásica, dictaminó: "Por fin tenemos un novelista". La nueva obra se comentó mucho, se llevó al cine, y luego a la televisión, con el resto de la serie publicado hasta entonces. Más tarde, pasada la moda, apenas se le ha hecho caso. Y yo me pregunto si esa popularidad se debió a algo más que a ver en ella, cuando apenas había otros libros de que ocuparse, "una historia bonita de amores desgraciados". Yo me pregunto si la gente se dio cuenta de su trascendencia, de su

---

(4) D. Pérez Minik, *Novelistas españoles de los siglos XIX y XX* (Madrid, 1957), 313.

sutileza, de su finura. Y, sobre todo, del mensaje social y moral que contenía. Me temo que no. Por lo menos los críticos —que son los que tienen la obligación de ver estas cosas y señalarlas al público— no lo han hecho en el grado debido (5).

Refresquemos la memoria con un breve resumen de su argumento. Joaquín Ríus es hijo de un hombre modesto, un herborista, que emigró a América, hizo dinero y al volver fundó una fábrica de tejidos. El hijo, a diferencia del padre, que sólo tiene ambición económica (ser rico), también tiene ambición social. Quiere ascender de clase, asimilarse a la alta burguesía barcelonesa, borrar sus orígenes plebeyos. No es lo que en España se llama un "señorito", pues todavía en su infancia ha conocido la pobreza, y sabe que el dinero, para los de su clase, cuesta trabajo e inteligencia. En la escuela de jesuítas a la que asiste, envidia a todos sus compañeros, porque son chicos de buena familia, porque tienen distinción natural, de casta, porque todo lo encuentran hecho y fácil. Admira sobre todo a un tal Ernesto Villar, que luego se convertiría en personaje decisivo de la novela. Pero, a diferencia de sus compañeros, cuando termina el colegio, Joaquín no quiere ser abogado ni ingeniero, como le propone su padre, sino industrial. El primer día de vacaciones se levanta calladamente a las seis, y se va con su padre a la fábrica. Su talento y su tesón hacen de la industria paterna una gran empresa fabril. Pronto adquiere una de las mayores fortunas de Barcelona. Pero, como dije, el éxito económico no le basta. Quiere conquistar a las clases superiores, y su medio de hacerlo es emparentar con éstas. Para ello se casa, sin mucho amor, con

_____

(5) Por vivir lejos de España no he podido consultar las revistas y periódicos de esos años, los cuales contendrán sin duda numerosas reseñas de la novela. Las únicas críticas de alguna extensión que conozco son las de E. G. de Nora, *La novela española contemporánea*, III (Madrid, 1962), 131-37, y J. L. Alborg, *Loc. cit.*, 121-30.

Mariona Rebull, hija de un distinguido joyero. Mariona, muy niña, es bonita, sensible, independiente y un poco soñadora y romántica. Acepta a Joaquín Ríus por huir de Ernesto Villar, de quien está enamorada, pero que no la ama a ella. El matrimonio es un desastre. Mariona termina por hacerse la amante de Ernesto. El desenlace está basado en un hecho histórico, la explosión de una bomba lanzada por los anarquistas en el teatro del Liceo el 7 de noviembre de 1893. Mariona, que se había escapado del palco de su marido para estar con su amante, muere abrazada a éste, que también perece. Joaquín los descubre así, y lleva presurosamente el cadáver de Mariona a su propio palco, para ocultar su deshonra.

Ahora bien, la reacción popular a esta novela ha sido, casi unánimemente, favorable a Mariona y hostil a Joaquín Ríus. Para muchos, Ríus es un alma zafia de nuevo rico, materialista, deshumanizado, calculador, comerciante hasta en los detalles más íntimos de su vida, y, por si fuera poco, un trepador, un snob de mala especie. Nora llega a decir de él que es indigno de compasión y un "desventurado total" (6). Por el contrario, Mariona, espíritu sensible y delicado, es la víctima romántica en manos del bruto de su marido, la mujer incomprendida a quien la estupidez de su cónyuge empuja al adulterio y, por fatalidad, a la muerte. Según esta opinión aceptada, Joaquín Ríus fracasa como un muñeco trágico, como un ser que no llega nunca a ser hombre; falla como patrono (es inhumano con sus obreros, no los conoce, no sabe sus nombres, los trata como a máquinas; "les miraba a las manos o a los pies, cuando estaban trabajando, nunca a la cara" —es una frase muy citada a este respecto); y fracasa aún más como amante, como marido, pues no entiende a las mu-

---

(6) *Loc. cit.*, 133. Por lo demás, la crítica de Nora es excelente y justa en su conjunto.

jeres, cree que éstas son aparatos domésticos o esclavas, no personas con necesidades afectivas. Así es como se entiende comúnmente la *lección* de *Mariona Rebull*.

Pero ¿es esta interpretación aceptable? Yo creo que no. Yo creo que es sumamente superficial y apresurada, que no hace justicia al libro ni a su autor. Agustí, al escribirlo, no quiso decir eso, estoy convencido. Al exponer mi interpretación, no pretendo usar de ninguna telepatía. Ni puedo leer el pensamiento del novelista, ni sé que éste haya hecho declaraciones explícitas sobre el tema. Pero basta, simplemente, leer la novela con atención, que es lo que no se ha hecho. Y la simple lectura atenta de la novela revela un sentido que es, casi por entero, opuesto del que se le suele dar.

Antes de seguir adelante, quiero hacer una aclaración necesaria. *Mariona Rebull* no es una novela de malos y buenos, no es un melodrama, ni tampoco una novela de tesis. En ella Agustí practica la impasibilidad más exquisita, a la manera decimonónica, a lo Flaubert o lo Clarín (7). Sus personajes se nos presentan por sí mismos, con sus virtudes y sus defectos, pero el autor no nos da su opinión explícita, no nos dice cuáles son las virtudes ni cuáles los defectos. Éste es un trabajo que tiene que hacer el lector. Ahora bien, en estas novelas impasibles, donde no hay juicio moral explícito, sino sólo descripción psicológica, también hay un mensaje. Lo tiene *El amigo Manso*, lo tiene *La Regenta*, lo tienen las mejores novelas de ese género. La idea del autor es quizás compleja, matizada, incluso equívoca. Pero existe. Existe un tema, y existe una actitud del autor ante ese tema. Y esa actitud, nunca explícita, se puede leer en la novela, por inferencia; de eso no cabe duda. Hace un momento me he referido a

---

(7) *Vide* J. L. Alborg, *Loc. cit.*, 122-23.

214

Flaubert. Mariona Rebull, tan soñadora, tan insatisfecha con lo real, tan llena de nostalgias de lo que pudo ser y de deseos de lo que ella se imagina, habrá parecido a muchos una pequeña Mme. Bovary. Y fue Flaubert, el apóstol de la impasibilidad en el arte, el que dijo también: "Emma Bovary, c'est moi". En este caso, Ignacio Agustí, si le aprietan, podría decir: "Joaquín Ríus, c'est moi". Yo no sé mucho de Agustí el hombre: sé que era trabajador concienzudo, paciente, como muestran sus novelas; que no tenía prisas, que no le gustaba estar en las candilejas de la vida literaria, pero por muchos años ejerció una labor callada, seria, constante, como periodista, como director del semanario *Destino*, como juez de premios literarios. Tal vez no sería exagerado decir que fue un Joaquín Ríus de la literatura. Pero olvidemos esto. Esto no tiene importancia. Hay que fijarse, sencillamente, en su libro, para darse cuenta de que al autor le interesa mucho más la figura de Joaquín, la psicología de Joaquín, que la de Mariona. Joaquín ocupa el centro de la novela. Se nos cuenta la historia de su familia, su infancia, su adolescencia, los menores detalles de sus gustos, de sus modales, cómo mueve las manos, cómo frunce el ceño. Sabemos mucho más de sus pensamientos y sentimientos íntimos que de los de los demás personajes, incluida su mujer. Cuando un novelista se concentra así en uno de sus personajes , no es lógico pensar que lo crea un botarate, como piensa Nora. Otra cosa que resulta muy significativa —y que los críticos podrían haber considerado con más atención— es que Mariona muere, y Joaquín vive. Es claro que el autor ha querido salvar a su personaje favorito para poder seguir ocupándose de él, y, en efecto, *El viudo Ríus* está enteramente dedicado a Joaquín.

Para exponer el sentido de esta novela —tal como lo veo yo—, tengo que hacer una división penosa y puramente pedagógica. Tengo que considerar primero el tema social, luego el tema individual. Joaquín como fabricante y Joaquín como amante, como marido. Es una pena tener que partirlo en dos, pues lo más exquisito de esta obra es —como tengo dicho— la perfecta integración de lo social con lo individual. Pero no hay más remedio que hacerlo así para entenderse.

Uno de los errores más corrientes sobre esta novela consiste en creer que *Mariona Rebull* es sobre todo una historia de amores desgraciados, una novela sentimental. Nada más inexacto. *Mariona Rebull* es en gran medida una novela sobre el dinero, sobre el trabajo, sobre el nacimiento del capitalismo catalán. Encontramos estos temas tan pronto como abrimos el libro, que comienza con una evocación —un tanto idealizada y nostálgica, hay que reconocerlo— de la Barcelona antigua y artesana, trabajadora, pero con un sentido gremial y estático, donde las clases no se mezclan, ni se envidian unas a otras. El representante de esta laboriosidad modesta, nada revolucionaria, es Joaquín padre, el herborista que quiere ser rico porque sí, porque se aburre de ser pobre, y que, cuando vuelve rico de América, sigue trabajando, pues ya no le satisface el *ser* rico, sino el esforzarse por serlo más; para él el dinero no es «un montón de metal muerto, sino la vida misma, la conciencia del trabajo» (19). En Joaquín padre, sin embargo, germina ya el ambicioso industrial que va a ser su hijo, una clase de hombres nuevos que transformará la faz de Cataluña. También representante de la Barcelona antigua es Don Desiderio Rebull, el padre de Mariona, joyero rico, hijo y nieto de ricos, el epítome de la gentilidad comercial y artesana. Ese «caballero», no obstante, es un hombre que trabaja con sus manos, y que, de joven, cuando era aprendiz, barría la acera enfundado en su balandrán. No cabe duda que el novelista siente gran entusiasmo por esa tradición laboriosa de su ciudad, donde no había aristocracia terrateniente, sino una burguesía que trabajaba y madrugaba tanto como los obreros, y donde los ricos vivían sobriamente —"magnates de guardapolvo y un traje al año" (13)— en casas casi tan incómodas y oscuras como las de sus empleados. He aquí la "prehistoria" de la acción novelesca, expuesta brevemente en el primer capítulo.

De ella va a salir, encarnada en la figura de Joaquín Ríus hijo, una nueva Cataluña, más emprendedora, más ambiciosa, más inhumana. Una sociedad de ideal productivista, que sólo piensa en fabricar mucho, bueno y barato, pero también un proletariado revoltoso, díscolo, anarquista: obreros resentidos, unos mansos y solícitos, otros descuidados y haraganes, obreros que amenazan con anónimos, que lanzan bombas, la bomba que destripa a la dulce Mariona y desgrana las perlas de su collar. Se ha dicho (8) que *Mariona Rebull* está escrita como si no hubiese tenido lugar la guerra civil de 1936. También es falso. Es verdad que a los obreros no se les dedica mucho espacio, porque no entran vitalmente en el mundo de Ríus y Mariona, pero están ahí, todo el tiempo, presentidos, como un rumor subterráneo, añadiendo dramatismo y tensión a las vidas de los protagonistas, hasta que estalla al final. Agustí es bien consciente de esas tensiones sociales, incluso consciente de una manera que sólo puede darse después de una guerra civil tan sangrienta como la nuestra. De aquellos polvos salieron estos lodos. Lo que pasa es que le pone sordina —todavía— al movimiento obrero (9), lo relega a un último plano, porque Joaquín también lo ignora, porque para el protagonista esto es

(8) D. Pérez Minik, *Loc. cit.*, 321.
(9) Este sale a la luz mucho más explícitamente en *El viudo Ríus*, y reaparece todavía más próximo al primer plano en *19 de julio*, cuya acción transcurre en las vísperas del alzamiento.

una cosa nueva, incomprensible, y —cree él— poco importante. Aquí radica —sospecha uno— la defensa que hace Agustí de su héroe. ¿Cómo iba a juzgar las reivindicaciones obreras con mentalidad de nuestra época? Las veía, fatalmente, como las veían los patronos de su tiempo, como un capricho de operarios haraganes y cobardes. ¿Quién le puede culpar por eso? —parece ser la pregunta justificativa que el novelista se hace.

Notemos, por otro lado, que Agustí no quiere hacer de Joaquín un patrono imposiblemente perfecto. Por el contrario, lo presenta con todos los defectos del industrial de entonces. No se interesa por sus obreros como hombres, sino sólo como productores. No le importa cómo viven, ni qué piensan. Tiene hacia ellos una actitud posesiva, de propietario, de "amo". Si se quejan, que hagan lo que él ha hecho, a pulso, a fuerza de trabajo e inteligencia (10). Ríus es además, desde niño, desagradablemente snob. Se avergüenza de su madre. Envidia a sus compañeros elegantes. Se ocupa de imitar a las clases altas en el vestido, en las maneras, en los gustos. Toda su vida es un esfuerzo por asimilarse a ellas, porque no se le noten sus orígenes plebeyos. Tiene un respeto supersticioso por la riqueza antigua, de tradición. Admira siempre a su rival Ernesto Villar, simplemente porque es el paradigma del joven de buena sociedad, aunque sabe que vale mucho menos que él (11).

(10) E. g.: Desde su palco del Liceo, Ríus mira a los ocupantes del paraíso o gallinero: «Joaquín pensaba en la mala impresión que ellos, los de abajo, debían causar a los demás, a los que suprimían la cena para adquirir la localidad. ¡Y nuestras mujeres con diez mil duros en cada dedo! Pero, ¿no estuvo en trance acaso de ser uno de los de arriba? ¿Acaso era suya la culpa?» (277).

(11) Cabe preguntarse, no obstante, si todo eso es verdadero esnobismo. Hay que recordar que Joaquín Ríus nace y se cría en un mundo rígidamente estratificado, donde los de arriba y los de abajo aceptaban las diferencias de clase como «naturales». Al

Pero Joaquín no es un snob vulgar, no es un "parvenu". Es un hombre que por su inteligencia, su tenacidad, su voluntad de ser, constituye en sí mismo una clase nueva, que conquista a la vieja burguesía y la rebasa, la supera, al crear una industria mucho más moderna y eficaz que la que había existido hasta entonces. En lo económico, Ríus es el creador; los demás —tanto obreros como burgueses— son seres rutinarios, estáticos, que simplemente continúan lo que ya está hecho. Ríus es el pionero de una industria con posibilidades ilimitadas de expansión, el fraguador de una riqueza que se multiplica a sí misma indefinidamente, acreciendo a su vez los puestos de trabajo y el bienestar general, al menos en potencia. Pero el triunfo económico no se le sube a la cabeza. Para él el trabajo es un imperativo moral más fuerte que ninguna otra cosa. Respeta a los trabajadores honrados y pacientes, aunque no tengan talento financiero: a Llobet, el contable de su fábrica, a los operarios concienzudos, a su mismo suegro. En *El viudo Ríus*, Joaquín se niega a especular en la Bolsa: hacer dinero con dinero le parece no sólo peligroso, sino inmoral. El dinero hay que hacerlo con trabajo. En *Desiderio*, cuando su hijo quiere evadirse de sus responsabilidades de industrial, Joaquín le recuerda: "—Fabricantes, sí... somos fabricantes de tejidos. Mi padre fue un emigrante. Mi abuelo vendía hierbas en una botica... ¿Sabes qué es tu tío? Tiene una parada de hortalizas en el mercado de Sans. Eso somos, y nada más que

---

subir de clase, pues, debía también adoptar las maneras y símbolos de su nuevo clan. Había que seguir las reglas del juego. Su deseo de camuflarse por completo en su nuevo habitáculo social hubiera resultado injustificable en nuestros días, en los que el desafío a las convenciones no es sólo posible y fácil, sino hasta aplaudido. Ríus es emprendedor y atrevido en lo económico, conformista en lo social. Con todo ello Agustí da muestra una vez más del fino sentido histórico que ha presidido su evocación del pasado.

eso: trabajadores. ¿Quién te has creído que eres tú?" (510).

En su ascenso social, el joven Ríus se lamentaba de que todo para él requería esfuerzo, hasta el vestir bien y el conducirse con soltura en sociedad. Lo que en otros era un don gratuito, heredado, en él tenía que ser penosamente conquistado. Ríus es el ejemplo perfecto del "self-made man". Y el énfasis no está en los resultados, sino en el cómo se ha hecho a sí mismo, en su tremenda voluntad de ser. Recuerda inevitablemente al Alejandro Gómez de *Nada menos que todo un hombre*, pero es más vivo y más humano, no tiene el acartonamiento abstracto de la criatura unamuniana (12).

Agustí se ocupa cuidadosamente de delinear a Ríus no sólo en su contraste con Mariona, sino, quizás aún más, con su antagonista Ernesto Villar. Uno y otro no pueden ser más opuestos. Ernesto: rico por su casa, elegante con naturalidad, buen jinete, conquistador cínico de mujeres, hombre de mundo, que se acuesta tarde y se levanta a mediodía; inteligente, pero sin fibra moral; "amateur" en todo; político que pronuncia "discursos importantes", en la mejor tradición española de señoritos listos para quienes la política no es un trabajo, sino un "sport". Joaquín: fabricante, madrugador, laborioso, con un sobrecogedor sentido de la responsabilidad en todo, solemne y estirado como un patán vestido de señor. Ernesto habla, Joaquín hace. La diferencia se acusa en los más nimios detalles (13). Villar tiene un mechón ru-

---

(12) No me parece imposible que el recuerdo de esta «novela ejemplar» rondase el pensamiento de Agustí al escribir *Mariona*. La diferencia entre Ríus y Alejandro Gómez es, sin embargo, reveladora. El personaje de Unamuno resulta, en frase goyesca, un «monstruo» engendrado por el «sueño de la razón». El novelista catalán, más irónico y mejor psicólogo, sabe que esos hombres tan enconadamente viriles raras veces domeñan a las mujeres; más bien les parecen repulsivos.

(13) E. g.,: «Enrollándose con fatiga la bufanda de seda al cuello, Ernesto Villar salía, destemplado, de un piso de soltero de

bio que le cuelga sobre la frente, artificiosamente despeinado; Ríus, un ceño duro, que le separa las cejas como un hachazo. A Ernesto le gusta la ópera italiana, brillante, alada, ligera; a Joaquín, la música solemne y voluntariosa de Wagner. El defecto de Ernesto es que todo lo hace con despreocupación; el de Joaquín, que se preocupa demasiado. La amistad de ambos es unilateral, sólo por parte de Joaquín. Éste admira en Ernesto lo que a él le falta, desde niño; lo trata como amigo íntimo, le confía sus sentimientos más privados. Ernesto, en cambio, piensa de Joaquín que es un "mentecato" y un "idiota" (185). La amistad de Ríus por Villar se trocará en odio mortal al final de la novela, cuando se da cuenta de que su "amigo" es un canallita mundano que le quiere robar a Mariona por juego, por diversión.

A esta luz hay que ver las relaciones de Joaquín con Mariona, y de ésta con Villar. El triángulo famoso. La actitud popular ante la novela se explica fácilmente, porque la gente tiende a ver en todo caracteres estereotipados. Ríus es, por una parte, *el* nuevo rico; por otra, *el* marido cornudo: *ergo* hay que reírse de él y despreciarlo. Mariona misma se burla de él porque no sabe atarse la corbata del frac; porque es, incluso en su vida sentimental, un "fabricante". Ernesto le desdeña porque no sabe enamorar mujeres. Joaquín los ve a los dos como extraños, con suspicacia y miedo inconfesado: son "los otros", no sólo por provenir de distinta clase social, sino por naturaleza. Pero Agustí —y el lector avisado— saben también que esta alienación se debe a una cosa más honda y más seria: a la diferencia de

sus compañeros de palco, situado en la parte alta de la ciudad, caminaba despacio; aguantaba en la mano derecha el *clac*, inútil en la madrugada gris; en el mismo instante Joaquín Ríus se dirigía a la fábrica, templado por las cinco horas de sueño, vestido correctamente. El desayuno sobrio y caliente, el agua fresca y corriente del lavabo habían hecho de él un hombre cabal, en plena conciencia y dominio de sí» (199).

temple moral entre uno y otros. Dentro de sus limitaciones, la superioridad moral de Joaquín sobre sus antagonistas no puede ser más evidente al que lea la novela con atención.

Pero ya va siendo hora de que nos ocupemos directamente de la heroína. ¿Qué clase de mujer es Mariona? No nos hagamos ilusiones. Mariona es bonita, inteligente, sensible, romántica. Le conmueven las bellezas naturales en la finca paterna. Pero también tiene muchos puntos negros. Agustí los anota cuidadosamente. Su marido cree que está mal educada, demasiado consentida por su padre viudo, por exceso de benevolencia. Al casarse ella, en casa de los Rebull redujeron el número de criados: "Sin Mariona, el trabajo era mucho menor" (176). De casada, Mariona era incapaz de llevar la casa y todo estaba en manos de una sirvienta joven y muy lista, Josefina (204). La joven esposa piensa, más que nada, en vestir con elegancia, en lucir joyas, en brillar socialmente. Hace un adorno incluso de su maternidad: "Tenía ganas de correr, de volver a Barcelona, de ver a sus amigas, de ir al teatro, de que la vieran, de que todos la vieran, tan niña, y madre ya. Y tan bella. Porque coincidían todos en que estaba todavía más hermosa que antes" (176). Cuando huye al refugio campestre de Santa María, lo hace, de una parte, para escapar a la tentación de Ernesto Villar, es decir, para evadirse de la realidad, en vez de hacerle frente con valor y sentido del deber conyugal; de otra, para, lejos de su marido, seguir viviendo como si fuera soltera (168). Todavía colegiala, comienza a coquetear con Joaquín por el placer que le produce aventurarse en "lo prohibido" (38). Luego se casa con él de rechazo, porque Ernesto Villar no la quiere, y creyendo que Joaquín está perdidamente enamorado de ella, en lo cual se equivoca de parte a parte. Ese error de mujer vanidosilla lo había detectado su marido hacía tiempo (él mismo había contribuido a ello, con su fingido lenguaje pasional) y lo constata lúcidamente después de la separación:

> No; sabía perfectamente que Mariona y él no se habían amado; que ella lo había elegido ilusoriamente, sin voluntad. Mariona creyó que su marido estaba enamorado de ella y que, a medida que transcurrieran los días, se enamoraría aun más. No podía creer que no le amara; no iba a ser él el primero que no la amase, que no la adorara, a ella, una criatura deliciosa, ante la cual no había nadie capaz de resistirse. ¡Cómo se había equivocado Mariona también! Mucho más que él. Él, Joaquín, casi no se había equivocado. (214)

Esa expresión pasajera, "sin voluntad", define a Mariona. Es una criatura encantadora, pero irresponsable. No sabe lo que quiere. Lo que la pierde es, sobre todo, su creencia novelera en el amor-pasión, el amor como felicidad gratuita, que nos transporta sin que hagamos nada por merecerlo. Joaquín, en cambio, sabe desde antes de casarse que el matrimonio no es un deliquio místico, sino una costumbre, un orden, una rutina, una lealtad (14). Una cosa que cuesta trabajo, que tiene que estar dominada, como todo en la vida, por un sentido del deber. Es más, a Joaquín le repugna la pasión, y se lo dice claramente a su esposa, en el curso de un diálogo sincero y penetrante por ambas partes, la confesión mutua que acaba por distanciarlos irremediablemente:

---

(14) Lo curioso es que Mariona también lo sabe, desde soltera, cuando se preguntaba: «...¿no hay muchos aspectos que en el matrimonio son amor al orden, temperamento doméstico, espíritu de sacrificio, propósito de vivir así hasta el fin de los días? ¿No es eso *casi todo* el matrimonio?» (160) (El subrayado es del autor). Lo sabe, pero no lo acepta en lo íntimo de su ser.

—¿Por qué no te casabas con Ernesto? —inquirió Joaquín—. Él te hubiera amado de la manera que tú esperas. Yo, en cambio, te digo con sinceridad que me repugna la idea de que me domine una pasión; prefiero quererte como yo entiendo. Nunca encontrarás a faltar mi cariño, pero nunca podré obrar sin reflexionar, dejarme llevar sin saber a dónde (210).

Para Joaquín, la vida conyugal no es separable de la vida profesional, sino su complemento: el hogar, los hijos, la aceptación social, la estabilidad doméstica que le permita ser más hombre fuera de casa. Durante su viaje de novios, aprovecha su estancia en Madrid "para visitar algunos clientes" (142). En los entreactos de la ópera, prefiere hablar de negocios y política con un amigo a hacer carantoñas a su mujer. No es un *homme à femmes*. Tiene gustos bien viriles (15). En una conversación muy reveladora que tuvieron Ernesto y Joaquín, éste había dicho: "Para mí, amar es vivir en paz con una mujer y no ir con otras". Y poco después:

—¿Cómo te figuras tú que aman los obreros de mi fábrica? —dijo, mirándole a los ojos.

---

(15) Mariona le echa en cara: «No has querido a ninguna mujer, no las entiendes, no sabes por qué existen: no has querido a tu madre y no me quieres a mí. En el fondo de tu corazón las desprecias a todas; sólo sabes admirar a los hombres: decías que sentías admiración por Ernesto en el colegio, y aún la sientes; adoraste a tu padre, porque te daba envidia, le admirabas» (212). No sé si Mariona, en su rabia, pretende sugerir maliciosamente que su marido tiene proclividades homosexuales, pero esa no es la impresión que recibe el lector. Al contrario. Lo que el héroe de esta novela rezuma por todos sus poros es la idea de que el amor es «cosa de mujeres». Lo masculino es objetivarse en una empresa, fuera de las relaciones puramente personales (¿influencia de Marañón?). De todo ese diálogo magistral (204-13), lleno de sutilezas nada artificiosas, sino muy profundas, y donde cada cónyuge usa todo el tiempo el verbo «querer» con un sentido equívoco para el otro, se desprende una sensación triste de la radical incomunicabilidad de los sexos, teñida de una angustia casi existencialista.

—¿Hubieras amado a Mariona como un obrero de tu fábrica? —exclamó Ernesto, atónito.

—Exactamente igual.   (110)

Es decir, para Joaquín, la vida marital, la procreación, son hechos tan honrados y normales como el trabajo cotidiano. No hay que adornarlos con arrequives galantes ni románticos. Y eso es precisamente lo que no entienden Mariona ni su futuro amante, señoritos para quienes lo importante son las espumas y adornos de la vida, no la vida misma.

Entiéndase bien que no estoy tratando de justificar a Ríus ni de condenar a Mariona. Mi intención no es más que explicar las ideas morales que éstos encarnan. Dadas sus contexturas psicológicas respectivas, y su respectivo condicionamiento social, la tragedia del matrimonio Ríus es comprensible. Ninguno de los dos es personaje monolítico, de folletín. Mariona no es totalmente irresponsable; tiene un fondo innato de honradez que la hace, al menos, querer huír de las tentaciones, y que la acusa y atormenta cuando ha violado su conciencia. Representa además un valor bien real: el de lo grácil, el de lo espontáneo, el de lo bello gratuito; cosas que no se deben desdeñar en este mundo. Joaquín es rectilíneo, pero no inhumano; se le saltan las lágrimas al presenciar los sufrimientos de su mujer en el parto; se emociona cuando la vuelve a ver después de la desavenencia; padece intensamente de celos; incluso llega a enamorarse como un cadete, como quería Mariona, pero, ¡oh, ironía!, sólo cuando ya ésta "había aprendido a mentir" y estaba enzarzada en su turbia relación con Villar. No obstante, recordemos que Agustí no es un determinista. La tragedia tiene un sentido moral, tal vez complicado, porque la condición humana es complicada, pero también deductible de los errores que ambos protagonistas cometen, y, por encima de esos errores, de la actitud ética o an-

225

8

ti-ética que uno y otra representan. Mariona hace mal al casarse con un hombre a quien no conoce bien, y a quien no ama, esperando falsamente que éste lo ponga todo. Es la señorita burguesa que siempre espera que le paguen lo que consume, hasta en el terreno afectivo. Una vez casada, hace mal en no aceptar a su marido como es, y hace peor en dejarse llevar de su caprichosa pasión por Villar, a quien sabe indigno de ningún sentimiento decente (16). Joaquín es culpable de planear su matrimonio como una mera operación comercial. Le gusta la chica físicamente, y, sobre todo, le gusta la clase social a que pertenece. Cree que eso basta, que la compenetración sentimental no es necesaria. También se equivoca al pensar que puede engañar a Mariona fingiendo el lenguaje de la pasión. Mariona es demasiado lista e intuitiva, le descubre y le rechaza, pues no se contenta con el afecto ni con el respeto: exige amor hasta la federiquez (17). En realidad, el error de Joaquín no consiste en haber elegido a Mariona por su clase social (hay muchos matrimonios de conveniencia que resultan muy bien); ni tampoco en haberla elegido sin estar locamente enamorado de ella (la pasión no es nunca garantía de felicidad conyugal, ni mucho menos). Consiste en haber escogido precisamente a Mariona, mujer de un talante afec-

---

(16) «—No te debías haber casado con él, Mariona —afirmó Ernesto. —Era imposible.
—Pero nos hubiéramos entendido —aclaró Mariona, con una gran tristeza.
—Contigo, sin embargo, sólo nos hubiéramos amado dos, tres meses, un año. Pero nada más» (254).
(17) Por parte de Joaquín, no de Ernesto, que ella sabe no la ama, y que ya la había rechazado de soltera. La irracionalidad del amancebamiento de la heroína es una de las cosas más turbias y sugestivas de esta novela. Uno sospecha que se trata de atracción meramente animal, pero Agustí, como Valera, es demasiado *poli* para hablar con claridad de estas cuestiones (por lo menos era así en la época en que escribió *Mariona*; ahora, en *19 de Julio*, después que Goytisolo y otros novelistas jóvenes han usado y abusado del taco, Agustí tampoco tiene empacho en llamar a las cosas por sus nombres).

tivo incomparable con el suyo. Podría haber tenido éxito marital con otras mujeres de la alta burguesía, con su cuñada Mercedes, por ejemplo. Así lo cree su suegro, e incluso Mariona. Al principio del libro, Agustí nos habla, con evidente admiración, de esos sólidos matrimonios burgueses de los buenos tiempos:

> Los hombres de mi ciudad se casaban mayores, en el umbral de la madurez. Pero sabían recuperar aprisa lo desaprovechado. Las esposas eran jóvenes, en general mucho más jóvenes que los maridos. Apenas salidas del colegio... encontrábanse de la noche a la mañana unidas física y espiritualmente al marido; a un marido alto, severo, de audaz bigote y grave condescendencia, que ejercía sobre ellas una especie de tutela paterna y usaba con pulcritud de su talonario de cheques; además, las hacía madres copiosamente, hijo tras otro (12).

Un matrimonio de ésos querría haber hecho Joaquín Ríus (18). Pero con Mariona era imposible. En su primera crisis conyugal, Joaquín le "exige" que "me quieras, no porque yo sea de una manera o de otra, sino porque soy tu marido y es tu obligación" (211). Piensa, y piensa bien, que el connubio es en gran parte deber y lealtad; que, como todo lo civilizado, lo que no es meramente "natural" cuesta sacrificios y esfuerzos. Lo que no comprende es que esos sacrificios y esfuerzos tienen que ser aceptados,

---

(18) Si esos antiguos burgueses se casaban sin conocer a sus mujeres, y eran pasablemente felices —como parece indicar la cita—, a Joaquín tampoco se le puede culpar por su ceguera. Su único pecado es haber tenido mala suerte. O quizás Agustí cree —cayendo en la típica falacia de los conservadores— que en las generaciones anteriores no había Marionas, que «cualquier tiempo pasado fue mejor». Ese sentido de la «degeneración» de la burguesía resalta aun más claramente en *Desiderio* y *19 de Julio*.

voluntarios, no impuestos. El deber tiene que apoyarse en el cariño, y Mariona es incapaz de ninguna de estas dos cosas. "Si supieras lo que es para mí querer por obligación, cuando cada vez me parece más difícil querer por gusto" (211) —exclama. Aquí radica —por encima y a pesar de los errores de ambos— el sentido moral de la novela. Para decirlo en la terminología de Kierkegaard, Mariona es una naturaleza puramente estética; Joaquín, un alma de rigor ético. Su creador no se mete a dilucidar si Mariona *podría* haber sido diferente. Se limita a consignar cómo es, y a aplicar a ese hecho una escala de valores morales. Tal como está planteado el caso, la conclusión axiológica es inescapable: Joaquín es un ser fundamentalmente noble; Mariona —y no digamos Ernesto— fundamentalmente innobles.

Pero no olvidemos un último punto, importantísimo. Agustí no presenta el *ser* de Joaquín ni el *ser* de Mariona de una manera psicológicamente apriorística. No han nacido así. Por el contrario, se han hecho, y los han hecho así, la vida, la sociedad, ellos mismos. Por eso, sus destinos individuales alcanzan resonancia de comentario social, inevitablemente. Joaquín y Mariona *representan* cosas que no son privativas de sus caracteres respectivos, sino que abarcan la dinámica social de las clases, del trabajo, del dinero. Joaquín es el impulso creador del pueblo transformado en burguesía fabril; y es también el orden, la laboriosidad, el sentido del deber. Mariona y Ernesto, por el contrario, son el señoritismo frívolo e irresponsable, la elegancia mostrenca, la *nonchalance*, la blandura ética, la romantiquería que la burguesía también produce. Se ha creído que la bomba del Liceo es un truco para cortar un conflicto que no se sabe resolver (19). ¿No será más bien un instrumento de justicia poética? La bomba mata

---

(19) Eugenio G. de Nora, *Loc. cit.*, 137.

a Mariona, junto con su amante; y perdona a Joaquín. Quién sabe si no es el brazo de una Providencia que taja el penacho, lo inútil y decorativo de la burguesía, para salvar su sustancia ética, lo fructífero y útil. Así parece indicarlo el párrafo final del libro. Al salir aturdido del Liceo, el ya viudo Ríus se encamina inconscientemente a su fábrica, a su hogar espiritual, el único que tiene ahora, y que quizás tuvo nunca:

> El contacto de la llave era como el de una mano amiga. Penetró en la fábrica, y allí mismo, sobre la palanca fría de una máquina, sobre el rodillo fiel, tendió sus manos y su frente, hundió su pensamiento fantasmal. Rezó lo primero que le vino a la boca: una oración que renacía traída por la locura a través de los años, arrastrada a la fuerza desde su conciencia de niño: Altísimo Dios... Verdad infalible...

Al comienzo de la siguiente novela, Joaquín casi se ha olvidado de la difunta. Su memoria le produce, muy de cuando en cuando, una fuerte punzada de dolor pasajero. Ya es, por completo, él mismo, el "fabricante", inderrocable en su soledad. Y entonces recordamos la gran clarividencia de sus antiguas palabras, palabras de un hombre que se conoce a sí mismo:

> ¡Cómo se había equivocado Mariona también! Mucho más que él. Él, Joaquín, casi no se había equivocado.